ちくま学芸文庫

〈ひと〉の現象学

鷲田清一

筑摩書房

〈ひと〉の現象学【目次】

〈ひと〉の現象学

はじめに――〈ひと〉の現象学

わたしたち一人ひとりは何によって〈ひと〉として生まれ、どういう理由でときに「あの人らしい」と言われ、ときに〈ひと〉としてその権利が擁護され、ときに「人でなし」と詰問され、やがていつ〈ひと〉としては消えてゆくのだろうか。

わたしたちはいつか〈ひと〉として生まれ、いつか〈ひと〉としては消え失せる。しかし、各人の誕生と死は、〈ひと〉としての誕生と死へと一括りするわけにはゆかない。生命としての誕生は母胎のなかではじまり、子としての出生は出産において認められ、〈ひと〉としての生成は終生、たえず更新されたり否認されたりする。しかも、〈ひと〉としての生成は単次元のものではない。ヒトとして生まれながら〈ひと〉としての認知を受けえなかったひともいれば、ヒトとして生き存《なが》らえながら〈ひと〉としては否認されるひと、その存在を強奪されるひともいる。あるいは、みずから〈ひと〉として死んでいると感じるひとがいる。いや、ひとが社会のなかでさまざまな役柄を同時的に生きていることからうかがえるように、あるいは内臓のリズム、細胞の活動（らしきもの）がときにひとの行動を抑えたり、遮ったり、翻弄したりすることがあるように、〈ひと〉としての存在はそもそもそれじたいが多くの次元や位相に分岐していて、しかもそこには当人が意識できていないものも少なからず含まれ――いや、しかと意識できているもののほうがおそらくははるかに少ない――、さらに整合も統合も見いだしえず、綻《ほころ》びや矛盾ばかりがめだつといったこともめずらしくない。いいかえれば、そこには偶発的な出来事も不可視のまま深く介入してくる。人生にはいくつかのステージがあるとか、ひとの一生は脱皮の連続であるとか述べることが浅はかに思われるくらいに、それは、見透《みすか》すことのできない諸契機の錯綜の場でもある。

じぶんのことがじぶんでもよくわからない。じぶんのなかにさまざまな〈いのち〉が住みついていて、それらがいつもたがいを傷つけている。じぶんは「じぶん」といえるほど一つにまとまったことはなく、いつも相容れないものに引き裂かれている。じぶんはじぶんでない何かに操縦されているという思いが拭えない……。こういうつぶやきを内に谺《こだま》させずに生きえているひとは、おそらくは一人とてないだろう。

この本でわたしは、〈顔〉という他者との遭遇の最初の場面から、名前をもった「この人」、愛憎という他者との確執、家族という場を経て、「わたしのもの」という所有の意識、

「個」としての自由、市民性、多様性、人間性、そして最後に死へと主題をつないでいる。哲学史を嚙《かじ》ったことのあるひとならきっと、いまここにある「これ」との遭遇から始まって、物の知覚、自己意識、理性、精神、宗教、絶対知へと高まってゆくヘーゲルの『精神の現象学』の途《みち》、あるいは所有の権利から契約へ、さらに道徳から倫理（家族・市民社会）を経て国家へと展開してゆくおなじくヘーゲルの『法の哲学』を、ヘーゲルほどの体系性は備えずにトレースしているだけではないかと予見されるかもしれない。体系めいていて体系たりえていない？　そうかもしれない。

ヘーゲルは、『精神の現象学』の序説のなかで、その「現象学」を、「意識がなす経験についての学」であり、学問へといたる「道」の学であると言っている。ヘーゲルにとって、精神とは「みずから他のものになる、すなわち自己の対象になる、そういう運動であり、そしてさらにこの他であること（他在）を止揚してゆく運動である」。ここでいう「他であること」（Anderssein）が、じぶんにとってじぶんそれ自身がよそよそしいものになるという「疎外」（Entfremdung）としてとらえられ、この疎外態をへめぐった後にふたたび自己へと還ってきて、その全過程をみずからの「所有」となすことを、ヘーゲルは「経験」と呼んでいる。意識がたどる「道」は、ここでは一つの円環をなす。この円環のなかでは、知ることとその対象とのあいだに対立や分裂が生じていて、これは「否定的なもの）と呼ばれる。がしかし、この「否定」はけっしてふつうそう思われているような欠陥なのではなく、むしろそうした両極を運動へととりまとめてゆく原動力であると、ヘーゲルは言う。精神のこの運動は、だから、おのれのなかにおのれとの「不同性」を胚胎しており、そのことによって駆動するのだが、それを自己疎隔化のはたらきとしてとらえなおすことによって自己へと還帰してゆく、そういう運動だということになる。

ここでわたしが書き継ごうとしている「〈ひと〉の現象学」の各章はしかし、そのような大団円を知らないし、それをたぐり寄せようともしない。むしろ、それらは調和からほど遠く、ずれや断裂をいたるところで生じさせながら、ときに不快な音をたてて軋《きし》みあい、ときに轟《とどろ》きもなくばらけ、変形して泥沼に沈んでゆくような、「まとめ」としていつか回収されるということもありえない「否定」や「不同性」の水準にとどまりつづけようとする。〈わたし〉とはそうした軋みの音そのものであるかのように。

*

深夜、この家を出る。家から遠く、遠く、遠ざかる。ふと知らない街に迷い出る。そこをぐるぐる歩きまわり、歩きあぐねたすえに出くわすことになったのは、二度と戻るまいと決意して後にしたはずのその家であった……。そんな悪夢にうなされるひとはめずらしくないが、現在の都市生活では、それは「青い鳥」のような十九世紀のファンタジーとちがって、あまりにリアルな感覚としてむしろありふれたものになっている。空港を東に向けて飛び立てばいずれ地球をぐるっと一周して、西からおなじ空港に戻ることを知らないひとはいない。物体の外面をずっとたどってゆくと、そこはその面の真裏だったという経験も、エッシャーのドローイングやメビウスの環でおなじみのものだ。おなじような軌道を、思考もまたたどる。ある目的地をめがけてまっすぐに進めば進むほど、その目的から逸《そ》れてゆく、離れてゆくというのは、思考にありがちなことだ。ある観念でつかんでいたものがじつは正反対の観念をあらわすものであったというのも、思考にはよくあることだ。思考とは言えないが、よく似た感受性の癖がわたしにはある。あるものを見ると、それとは逆のものを同時にその背後に見てしまうという癖だ。幸福を見たときその裏に不幸を透かし見てしまう……。そう、「禍福は糾《あざな》える縄のごとし」。これはかなり幼いときに身につけたものらしい。

こんな思考の、あるいは感受性の癖を、思いもよらず、過去の哲学者の文章に見つけることがある。それはたとえば、二十歳を過ぎた頃にパスカルの『パンセ』のなかに見つけたこんな言葉だった――

「人間は、天使でも獣でもない。そして不幸なことに、天使のまねをしようと思うと獣になってしまう」（断章358）

あるいは、

「われわれの頭のなかには、その一方にさわると、その反対のほうにもさわるように仕組まれた発条《ばね》があるのではないか」（断章70）

あるものを見るとその反対者が透かし見える。ある方向にまっすぐ進んでゆくうち、あるときそれが思いとは逆方向であることに思い当たる……。リヴァーシブルであるということ、つまりこうした反転や可逆性は、はたして思考の癖なのか、それとも新たな現実の発見法なのか。それらは思考の堂々めぐりにすぎないのか、それとも（対立項を含み込んだ）思考の厚みもしくは奥行きをしめすものなのか。

パスカルのいう、思考の、あるいは存在の「両重性」（duplicité）は、「二重の襞」という語の元の意味どおり、対立するものが和解することなく相剋している様をさす。テーゼとアンチテーゼという二項の対立がやがてジンテーゼ（綜合）へと止揚されゆくあのヘーゲルの弁証法（Dialektik）とは異なる、対立する二項がたがいに矛盾し、両立不能のまま軋みあっている状態である。そう、どこまでも解消されない不均衡（disproportion）と不安定（inconstance）。

ヘーゲルでは止揚《アウフヘーベン》（否定の否定としての肯定＝綜合）というかたちでやがて閉じられるこの対立に、「開かれた弁証法」を対置する哲学者がいる。たとえばB・ヴァルデンフェルスは、バランスやおさまりのわるい相互の超過こそわたしたちの経験の構造であるとして、おおよそ次のように言う。――われわれはいつも、与えられたものをあるもの、、、、として思い描くのだが、ここにみられる意味と現実との差異が、そういう思い描きとじっさいに与えられているもの（所与）との完全な重なりあい、いいかえると思考と事態との一点のすきまもない一致のうちで消え失せるときには、認識は閉じられたものになる。これとは逆に、与えられているものとそれを思い描くこととのあいだに、相互の超過が見いだされるとき、いいかえると思考と所与とのあいだにいつも不足があって、あるいは過剰な覆い被さりがあって、それゆえにつねに他を不十全にしかとらえられないとき、この不整合によって認識は開いたものとなる。経験における諸契機のこの不整合は、綜合へととりまとめられてゆくというよりは、むしろ思いがけず開かれ、増殖させられる襞として経験のなかに織り込まれてゆく。そしてその過程で経験そのものになんらかの構造的な変容がもたらされるというのである。

とはいえ、不整合はそのようにポジティヴにばかりはたらくわけではない。意味の豊穣へと向かうとおなじだけ、いやそれ以上に構造の軋みを修復しがたい破局へ向けて肥大させてもゆく。これをとらえるのに、まずは〈全体性〉の思考を遠ざけたい。全体をつねに視野に入れようとすることは重要であるが、全体を一つの視点から見渡し、一つの原理にのっとって見透しうると考えたとき、世界は檻のなかに閉ざされてしまう。一つの視点には見えるものと見えないものがある。見えないものは別の異なる視点から見えることもあれば、どの視点からも隠れたままのこともある。思考がもし、無数の星屑を無数の版をもつ星座として描きだすことであるとすれば、星屑を結ぶ線のいずれにも引っかからず、ばらけたままの星屑たちの一片として、あるいはそれが走った跡として、かろうじて姿をとどめるだけのものもあれば、描かれたどの星座からもこぼれ落ちてしまうものもきっとあろう。それらも別の星座の描出のなかで、たとえ斜交《はすか》いにではあってもふれることはできる。世界はこのようにいつも判じ絵のようなものとしてわたしたちの前にある。だからこそ、隠されたもの、消されたものをある星座の陰から救いだすためにも、星座としての描出ははてしなく試みられねばならない。

問いのうちに散在している個別的な要素を、そこから答えが不意に現われるとともに問いが消失するような形象へとまとまるにいたるまで、さまざまな配列でためしてみること——判じ絵の謎解きはこうして遂行されます。それと同様に哲学は、個別科学から受け取っている諸要素を、答えが読み取りうるような、また同時に問いが消えうせるような形象にいたるまで、さまざまに入れ替わる星座的な布置（Konstellation）へと（中略）置き換えてみなければならないのです。

――アドルノ『哲学のアクチュアリティ』細見和之訳

ヘーゲルのいう「意識がなす経験」の「道」については、わたしとしては、未決のものを否応もなく遺しながら、そしていくつかの局面でリヴァーシブルな反転をくり返しつつ、ひたすら認識の初期設定を、あるいは生のフォーマットを換えてゆくプロセスとしてとらえなおしたい。そのプロセスの、足どりもおぼつかない歩行の試みとして、以下の議論はある。

1　顔　存在の先触れ

〈顔〉との遭遇

胎児は、母親のおなかにいるときにもう、母親の存在と共振している。たとえばなにかの不安にかられ母親の鼓動が速くなると、胎児の脈もまた速くなる（これは超音波の技術で確認できる）。逆に母親の鼓動が安定していると、その鼓動は赤ん坊にたしかな安心感を贈る。「伝わる」ということについて、精神科医の中井久夫は「伝える」ことと区別してそのように言う（『「伝える」ことと「伝わる」こと』）。

一方、母親が赤ちゃんに「伝える」ことは生後三カ月までは無理だと言う。母親は赤ちゃんを、愛情を込めて、一つまちがえば取り返しのつかない懸命の世話をするのだが、とくに生後三カ月間は、母親が赤ちゃんに微笑みかけてもそれに赤ちゃんが微笑み返すということはない。この時期の母親の世話にはなんの反応も手応えもなく、つまりは見返りがない。この期間の育児を「無償の育児」と呼ぶことがあるのは、そのためだ。そしてこの見返りのなさという経験が、意識のない患者さん、老人性の認知症患者、感情を表に出さないうつ病患者への、見返りなしの看護の耐性につながると、中井は言う。

微笑み返し、つまり〈ひと〉としての〈顔〉の出現。赤ちゃんの顔面に、表情による呼応を認めたときに、ひとはこの出来事に立ち会うことになる。たがいに〈顔〉としてはじめて向きあうこと、それが、他者と遭う、だれかと遭うということである。それぞれが特異なものとしてたがいに認めあうこと。それがどういうことなのかを考えることからはじめたい。

さて、顔はまぎれもなく身体の一部である。そんなのあたりまえのこと、と言いたいところであるが、じつは〈顔〉というものの存在を考えるとき、「顔は身体の一部である」という言い方そのものすら自明でなくなってしまうような地点にまで、たぶん遡ってゆかざるをえない。

〈顔〉のある場所、現われる場所は、身体というものを離れてはありえないと、これもさしあたってのことだが言っておく。そう言ったにしても、いざ顔について考えはじめると、身体という場所での現われにしては、他の部位とくらべ、現象形態としてあまりにも特異な点がすぐに浮かび上がってくる。

たとえば、顔はふつう見えるものである。あるいは、だれかに見られるものである。が、だれかの顔を見るときのことを思い起こせばすぐわかるように、だれかの顔を見つめること、まじまじと見るということは、じっさいにだれかの顔を前にしたときにはほとんど不可能であるといってよい。

相手がじぶんを見つめているとき、相手を見つめ返すのはなかなかむずかしい。たがいにその存在を渇望しあう瞬間か、相手を怨んで睨みつけるときには、相手の顔をしばし凝視することがたしかにある。けれどもそれは、勢いとしてはありうるにしても、そんなときでも相手の顔を見つめつづけることはやはり苦痛である。一定の、それもそう長くない時間のうちに、視線を別のものに逸らしているものである。ふたたび、ちらりちらりと視線を戻すことはあっても。

このようにだれかの顔を真正面から見つめることは、ふつうできない。見つめあうということはほんの瞬間にしかできない。まなざしが接触すると、まなざしはとたんに金縛りにあったように、凍りつき、凝固してしまう。眼がかちあうと、まなざしはたがいに密着してしまい、相手のまなざしを見るということ、つまり距離をおいて対象として見ることが不可能になる。眼がかちあうという膠着状態に憑かれてしまい、見ることとそのことが封鎖されるか、眼をそのような膠着から無理やり剝がすか、そのいずれかしかありえない。

これを裏返して言えば、他人の顔というものは盗み見するほかないということである。だれかの顔は、相手がこちらを見ていないとき、別のものに視線をやっているときに、いわば盗み見するというかたちでしか、じっと見つめることができない。もっと突っこんで言えば、だれかの顔へのまなざしは、そのまなざしをまなざす眼にふれたときはたちまち凝固してしまい、それ以上の、見るというかたちでの探索は不可能になるということである。逆に、だれかの顔へのまなざしは、そのまなざしの向かう顔がそのまなざしを見返さないかぎりにおいて、その顔のあたりに遊ばせておくことができるということである。見つめることは瞬時にしかできないで、あとはちらちら盗み見るというのが、だれかの顔にふれるというときの実相であろう。じっと見つめることも、じろじろ見ることもできずに、このちらちらとふれるしかないもの、それを〈顔〉というふうに呼ぶことにしよう。それにたいして、相手の視線がよそに逸れているあいだにまじまじと見ることのできる顔を「顔面」と呼ぶことにしよう。〈顔〉は、その意味で、対象としてまなざすことを拒むものである。顔面を対象のように見つめる、そういうまなざしに対して、〈顔〉はたとえば眼を伏せるというかたちで、見られることから羞《は》じらいをもって退くか、じぶんに向かうまなざしをより強度の高いまなざしで撥《は》ねつけるか、そのいずれかであろう。

こうして最初の問いが生まれる。つまり、〈顔〉は、見られるというかたちで現われるのではないような存在ではないのか、という問いである。いいかえると、〈顔〉は見ることの対象とはなりえないもののことではないか、という問いである。

にもかかわらず、〈顔〉は厳然と存在する。厳然と存在しながらちらちらとしかふれられない、この現われの特異性はどこにあるのだろうか。

〈顔〉の特異性

〈顔〉はまず、つねにだれかの顔として現われる。顔を前にして、だれの顔か突きとめられず焦《じ》れることはあっても、だれのものでもないただの顔というものは存在しない。和辻哲郎がかつて指摘したように、わたしたちはだれかをおもうとき、そのひとの顔を思い浮かべることなしにそのひとのことをおもうことはできない。その意味で言えば、そのだれかはときに声として現われることもある。百の顔が眼の前にあっても見知りの顔を見惑うことがないように、あるいは他の顔を押しのけて立ち上がってくるように、百の声を聴いてもなじみの声を聴き違えることはない。顔とおなじで、声もまた、振り払おうにも振り払えない感触のように、しつこくわたしたちの身にまといついてくる。それにうっとりすることもあろうが、ぞっとすることも多い。この声が〈顔〉の一つに数え入れることができるかどうかはすこし先の問題になるが、いずれにせよ〈顔〉が「だれ」ということと切り離しがたく結びついていることはまちがいない。

もちろん見知らぬひとの顔というものはある。顔は、「だれ」かが特定できない顔であることもあるが、顔がつねにだれかの顔であることがそのことによって否定されるわけではない。ただ、そのときその顔は見知らぬだれかの顔であるにしても、知っているだれかの顔とは現われ方がずいぶん異なるものである。知らない顔は、見ないふりをすることができる。知っている顔は、見ないふりをすることができない。知っている顔は、わたしたちのまなざしの返しを求める。それを拒めば、そのひと自身の存在を拒んでいることになる。とはいえ、だれか知らないひとの顔も、顔であるかぎり、なんらかの磁力をそなえてはいる。だから、知らないひとに見つめられれば落ち着かない。まなざしを押し返すか、そのひと以外のところに泳がすか、とっさに迷っておろおろしもする。だれでもない顔、だれかわからない顔を前にしたときの居心地の悪さはふだんだれもが経験していることだ。だれかわからない顔にたとえば満員電車のなかで囲まれたとき、わたしたちがだからまずするのは、あたりに眼を逸らす、眼を泳がすということである。

ここでもう一つ注意しておく必要があるのは、だれか知っている顔だからといって、その顔面をくわしく知っているわけではないということだ。たとえば家族の顔のようによく知っているはずの顔、毎日見ているはずの顔であっても、眉毛はどうなっているか、唇のかたちはどうかと訊かれたとき、わたしたちはその形状を事細かに描写することができない。耳の形、眉の形、唇の形を意外によく知らないのである。それはつまり、〈顔〉にふれるとき、顔の造作を一つ一つ見ているのではないということである。〈顔〉は部分を合成したものではない。したがって部分を寄せ集めた全体でもない。顔を見るというのは、全体を見ることでも部分を見ることでもない。〈顔〉は造作ではないのである。

ついでにもう一点注意しておく必要があるのは、わたしの顔というものはそもそもわたしが見るというかたちでふれることができないものであるということだ。他人がわたしをそれによってわたしとして認知するその顔を、わたしはじかに見たことがない。写しなら鏡で見ることはある。しかしそれは、わたしがだれかをまなざしているときのその顔ではない。つまり、映像であり、かつ対象としての顔面である。また、そこにはいつもの決まりきった見方というものがあり、対象として正確に見ているわけではないことは、知らないうちに撮られたじぶんの顔の写真に往々にして否定的な感情を抱くことからもわかる。わたしの顔はわたしの存在とじかに繋がっていない。現われにかんして言えば、そこには大きな亀裂が走っている。わたしは〈顔〉としてのわたしの存在を終生見ることはないのだ。〈顔〉について考えるとき、この事実のもつ意味は法外に大きいようにおもわれる。

〈顔〉は顔面に集中している。現代社会では、身分証明書がそうであるように、顔面の造作がそのひとのアイデンティティを証明するものになっている。さきほどの和辻の指摘をも重ねて考えれば、ひとの存在は顔面に凝集しているかのようである。けれども、つぎのような〈顔〉のとらえ方もある。

わが国の乞食が真冬にもシャツ一枚でいるのに、耳まで貂の毛皮にくるまっている人と同じように元気なのを見て、誰か或る人が、乞食の一人に、どうしてそんな我慢ができるのかとたずねたところ、乞食は答えた。「旦那さまだって、顔はむきだしだ。私は全身が顔なのだ」。

——モンテーニュ『エセー』松浪信三郎訳

もしこういう言い方がなりたつとすれば、だれかの脚が、だれかの背中が、だれかの手の甲が、そしてなによりだれかの身のさばきや佇まいが、そのひとの〈顔〉であると言えるような局面もありうることになる。〈顔〉ということでわたしたちが見ているもの、ふれているものとは、よくよく何なのか。

だれかとしての〈顔〉

ちらちらとしか見えない〈顔〉……。眼と眼が合えば、相手のそれに撥ねつけられ、眼を別のところに逸らすしかないし、逆に相手が眼を逸らせば眼を相手に向けていることはできるが、そのとき相手の〈顔〉は退き、どこかに消え入っている。相手の眼がそもそもこちらに向けられず、別のものに止められているときには、それを脇から盗み見ることはできるが、そのとき顔はもはや〈顔〉ではなく、まなざしの対象としての顔面へと変わりはてている。

消え入るか撥ねつけるかしかできない〈顔〉。その容姿を他者のまなざしに対してそのままにさらしておけない〈顔〉。にもかかわらずそれは、たんなる中性的な現象ではなく、だれかの顔として、ときにそれをまなざす視線をうろたえさせるほどたしかな強度をもっている。〈顔〉のこの現われを特徴づけるものはいったい何だろうか。

顔（わたしたちのいう顔面である）を見ることができるのは、盗み見というかたちでしかない。言うまでもないが、盗み見できるのは相手がこちらを見返さないからである。顔が〈顔〉として切迫してこないからである。だからこちらもうろたえることなく、盗み見という仕方ではあってもまじまじと見つめることができる。

この、「相手がこちらを見返さないかぎり」というのは、この社会ではありふれた顔の経験である。ポスターの顔、雑誌の表紙を飾る顔、テレビのなかから語りかけるキャスターの顔……。これらはこちらをじっとまなざしているにもかかわらず、じつはわたしを見つめていない。そこでは視線がたがいにふれるということがない。わたしは相手に見つめられることなしに、相手の顔を見つめている。わたしは見るひと、相手は見られるひと、二つの顔が向きあっていても、そこにはおよそ関係というものが発生しない。そう、そのような画像としての顔は、言ってみればマジックミラー越しに見る顔である。とすれば、それは〈顔〉を見ているのではないのだ。物や風景を見つめるのとおなじ地平で、だれかの「顔面」とよばれているものにじっとまなざしを置くだけのことである。

接触が起こらないところでひとは他人の顔を見ることができる。逆に、顔の接触がなんらかの関係をかならずや引き起こさざるをえないところで、ひとは顔を見ることができない。前者において「見る」とは観察することである。観察されているのはだれかの「顔面」である。後者において「見る」とはふれることである（ここで「ふれる」とは、言うまでもなく対象として触《さわ》ることではない）。見るために必要な距離がそこでは開かれないからである。そこでふれているのは、だれかの〈顔〉である。

顔にふれるとき、視線の交叉が起こる。それは押しのけあいや駆け引きと言ってもいいし、衝突とそのあとのうろたえと言ってもいい。〈顔〉と〈顔〉のあいだは、引きつけと押しのけ、粘着と引き剝がしといった、相反する力が交叉する場、いわば磁場のようなものである。だから、さきに指摘したように、出生以来ずっとふれてきている顔であっても、いやずっとふれてきている顔であるからこそ、家族の顔は、その鼻の形、唇の形、耳の形というふうに顔面の造作を一つ一つ細かく知ることはない。細部の造作を思い出せないのである。眼を閉じて病の床に伏しているときくらいしかその顔をまともに見たことがないからである。観察する前にふれ、包まれ、そして抗争してきたからである。

それにふれることでわたしがうろたえたり、それに同調したり、あるいは反撥してそれを押し返したりするもの、つまりそれをはぐらかしはしても無視できないもの、いやでも即座に呼応せざるをえないもの、それを〈顔〉とよぶならば、〈顔〉は、対象として見えるもの、見られるものではない。見られるものとしてそこにある顔は、そのひとの存在としてそこにあるわけではない。わたしにまとわりついてくるあの〈顔〉、ときにわたしにすがり、懇願し、ときにわたしを突き刺し、射抜いてしまうあの〈顔〉、それは見られる対象としてそこにあるときには、もう消え入ってしまっている。あらゆるものを吸引するブラックホール、あるいはあらゆるものをそこへと収束させる虚焦点のなかに、引きこもってしまっている。「顔」の背後に姿をくらませるのではなく。

まなざしの接触が起こらないところではじめて顔を見ることができる、と言った。まなざしの接触が起こるところでは顔は見えない、むしろ見える前にふれられる。しかしこのときにも、ひとはまなざしをとっさに外しながらそれでも相手の顔をさぐりにいっている。

そこに何かを読もうとうかがっている。「読む」というのは、ふたたび、顔をなにかの記号としてとらえるということだ。背後でうごめくものの徴表として、である。〈顔〉はこのように「読む」ことへの欲望を掻きたててやまない。なのに、それをしげしげと読もうとすれば、まるで羞じらうかのように遠ざかり、やがて消え入る。

「読む」ことへの欲望がはてしないのには、わけがある。他人の顔はこれまでずっとわたしの鏡でもあったからだ。乳児を前にした母親の表情を思い出せばよい。母親は、「口を大きく動かし、頭をうなずくように振り、目を見ひらき、おおげさな身振りで赤ちゃんに語りかける（空間的な誇張）」、「ことばやしぐさが、スローモーションをかけたように、ゆっくりになる（時間的な誇張）」、「笑い、驚き、眉をしかめる（情緒的な誇張）」（下條信輔『まなざしの誕生』）。このことで、乳児は母親に乳児の（まだない）「自己」を送り返される。じぶんがいまどのような状態にいるのか、じぶんがどのような感情に浸されているのか、じぶんが現在の事態にどのように反応すべきなのか……。それを、乳児は母親に示される。乳児のなにやらわけのわからぬ（おとなからは支離滅裂とも見える）情動に最初の形があてがわれるのである。乳児の「自己」は母親の顔という鏡にまずは映しだされる。乳児のふるまいにいくつかの軌道が敷かれる。以後、子どもは迷ったときに他者の顔をうかがうようになる。相手を知りたいというよりは、じぶんが生き延びるその軌道を知るために、ひとは赤子の頃より他者の顔を慎重にうかがってきたのである。

しかし、他者の顔を読むにもまずは他者の顔にふれなければならない。

執拗さと儚さと

他人の貼りつくような視線を感じて、居心地のわるい思いをすることはよくある。遠ざかってほしいのに、しつこくまとわりついてくる他者の視線。〈顔〉は、それを拒む前にまずは貼りついてくるもの、それになんらかのかたちで呼応すべく迫ってくるものである。ところがそれを捕らえようとしてまなざしを送り返したとたん、〈顔〉は消え、姿をくらます。何かとして捕らえられることを拒むかのように。あとに残るのは、いつも、取り逃がした〈顔〉の痕跡だけである。わたしはいつも〈顔〉に遅れている。遅れたまま、痕跡＝像としての「顔」を必死で解読しようとする。

ふとすれ違ったとき、笑顔に笑顔を返しているではないか、とおもわれるかもしれない。が、〈顔〉のこのかかりそめの接触、それは間を置かず「意味」に拉致される。「笑顔」という記号の交換へと。〈顔〉の接触は、（「意味」に侵蝕された記号としての）「顔」の交換にたやすく転位させられる。毎日、いやというほど多くの「顔」に接しながらだれとも逢わなかったという想いが残るのは、消え入るというかたちでしか現われえない〈顔〉についにふれることがなかったからである。

そこに現われているのに、いつも別のもの（意味と記号の表面）をつかまされる。貼りついてくるのに、捕らえようとすればいつのまにか消え去っている……。そんな〈顔〉にひとはなぜ魅せられるのか。なぜ、迫られるだけでなく、逆にしつこくつきまとおうとするのか。消え入るというかたちでしか現われないものを、ひとはなぜかくも深く欲望するのか。

〈顔〉の執拗さに呼応するかのように、もういちどしつこくくりかえせば、貼りつくように、おもねるように、懇願するように、迫ってくるのに、それを注視しようとするとすぐに消え入ってしまう〈顔〉。ときとして、頑として退く気配のない塊としてぬっと現われてきて、それを追い払おうとして見返すと、視線が接触した瞬間、わたしのまなざしを有無を言わせず弾きかえす〈顔〉。いずれにせよ〈顔〉は、同極の磁石のように、正面からの接触を拒むものである。だからそれは、言ってみればはすかいに、ふれるしかない。はすかいにふれるというのは、正面から見つめるというのとはちがう仕方で、〈顔〉の切迫にじかに身をさらすことである。「じかに」というのは、〈顔〉の切迫のなかでこちらのまなざしがあらゆる纏《まと》いを剝ぎ取られることだと言ってもよい。

この裸のまなざしの接触は、真正面からは起こらない。一方がまなざしを向けるやいなや他方が消え入るか、一方が他方を押しのけるというかたちでしか起こらない。ときに、双方が眼を伏せた瞬間に、その瞬間にのみ、〈顔〉のかりそめの深い接触が奇蹟のように起こるということも、たぶんある。

他者の〈顔〉はわたしに切迫してくる。こちらに眼を向けよと、わたしのまなざしを、いや、わたしの〈顔〉を召喚しにくる。それほどの強度を〈顔〉はもつ。〈顔〉は執拗なものだ。眼を伏せても追いかけてくる。けれども、〈顔〉はまた儚いものである。すぐに消え入るような脆いもの、傷つきやすいものである。E・レヴィナスの言葉を引けば、それはむしろ「羞じらい」としてある。〈顔〉は切迫してくる（s'imposer）が、それを見つめる視線を前にしてすぐに身を退ける。これをレヴィナスは〈顔〉の撤退（retrait）と呼んだ。それは対象となることを拒む。〈顔〉は壊れやすいものだからだ。視線が、見返す眼が、〈顔〉を壊し、歪める。顔面として現われているときに〈顔〉は消失する。かぎりなく近くにありながら、まさにそのときにもっとも遠ざかり、もっとも隔てられているというこのもどかしさを経験したことのないひとなど、たぶんいまい。とすれば、レヴィナスのいう「羞じらい」としての〈顔〉とは、消え入ることとそのことで現われるものだということになるのだろうか。あるいは、消え入ることとそのことの現われだということになるのだろうか。

そのレヴィナスに、〈顔〉について書かれたある決定的な言葉がある。「顔は内容となることを拒むことで現前する。この意味において、顔は了解し内包することのできないものである」（『全体性と無限』合田正人訳）。〈顔〉は何かとして理解しうるものではほんらいないというのである。わたしが何かとして理解するようなものではそれはなく、むしろわたしではない何かが、その存在を押しつけてくる、あるいは切迫してくる、その〈外〉の経験そのものが〈顔〉だというのである。

> 隣人の顔は表象から逃れる。隣人の顔は現象性の欠損にほかならない。とはいえ、隣人の顔が現われないのは、隣人の顔があまりにも不意に、あまりにも乱暴に到来するからではない。ある意味では、現われることさえできないほど薄弱な非現象であるがゆえに、現象「以下」のものであるがゆえに、隣人の顔は、現われることなき現象性の欠損にほかならないのだ。
>
> ――E・レヴィナス『存在するとは別の仕方で　あるいは存在することの彼方へ』合田正人訳

〈顔〉は肖像のような形あるものではまったくありません。〈顔〉との連関は、絶対的に弱きものとの連関であると同時に、絶対的な仕方で外に曝されたものとの連関です。

——E・レヴィナス『われわれのあいだで』合田正人・谷口博史訳

〈顔〉は、見える形、読まれる形という媒介なしに、それの彼方からみずからを突きつけてくる。が、その突きつけてくるものはあまりに薄弱なものである。いいかえると、それは現われすらしない。現われかけては撤退してしまうものである。それは、はすかいに、ちらちら、ほの見えるしかない。じっとまなざすことのできないものなのだ。が、そうした薄弱な現象、はすかいの現象に、ひとは抗いようもなく引きずり込まれ、釘付けになる。それは、〈顔〉のこのはすかいの現われが、アピアランス、つまりは何かの現われなのではなく、〈顔〉という現われが〈顔〉の存在そのものであるからにちがいない。〈顔〉は何かの外見でも仮象でもない。いや、ここでもっと言葉を強めて、かつてE・カッシーラーが知覚とはそもそもが「相貌的」なものであると言ったように、〈顔〉こそがあらゆる現象の原型であると言うべきかもしれない。あらゆるものはまずは〈顔〉として現出する、それが顔面や肖像として注視や観察や鑑賞の対象となるのは〈顔〉としてふれたうえでのことである、と。

そうだとすると、〈顔〉がはすかいに現われ、瞬間ごとにめくれ、ときに別のそれへと反転したりするのも、「作り顔」のあいだから間歇《かんけつ》的に「素顔」がのぞくというふうには解釈しないほうがよい。本物か偽物かという区別そのものは、その背後に想定された「存在そのもの」をストレートに表出しているか、それともそれを歪めたり覆ったりしているかという区別でしかありえないからだ。〈顔〉はさまざまな現われ（何かの現われ）のなかの、一つの特殊な現われなのではない。〈顔〉はむしろ、背後というものを前提しない、背後より先なる、いいかえると何かの現われという記号作用よりもさらに先なる、現われそのものである。

「人々はおそらくあまりに表面のことを、「内部」を保護し隔離する単なる包装のようなものとして捉え過ぎた。そしてそれと並行して思考は「内部」の眩惑に引きつけられてきたようだ」。このように書いたのは、『面・表面・界面』（金森修・今野喜和人訳）のF・ダゴニェである。そしてそこから、「常に真正面から向かう視線ではとらえられぬすべての部分を影の中から引きだそう」と呼びかける。そしてその呼びかけとともに、画家デュビュッフェの次のような言葉を引く。「人間存在の通常のありようには、対象を正面からしげしげと見つめることは含まれてはいない」。あるいは、「山であろうが顔であろうが、また河川のカーヴであろうが体形であろうが、すべては同じ鎖の環であって、同じひとつの鍵から生じている」。

〈顔〉は多くのばあい、人体の頭部において現われる。その〈顔〉にふれるとき、その

〈顔〉の位置でそれを取り巻いていた空間そのものが歪む。〈顔〉の現われとともに、空間の遠近法的な開けに、特異な磁力がかかる。空間がみずからを編みなおすのだ。が、〈顔〉のその磁力をふたたび何かの相貌として遠ざけようとするとき、〈顔〉は窪《くぼ》み、退き、そして消え入る。〈顔〉の向こうにではない。〈顔〉のあったその場所で、である。肖像は、相貌は、崩れ落ち、そこには〈不在〉という空虚が一瞬むきだしになる。むきだしになった空虚を、ひとはふたたびこれぞ幸いにと記号で埋めようとする。〈外〉を封じるのである。そのとき消え入るもの、現われとしてはもはやみずからを維持しえないもの、そういう脆さ、そういう「薄弱」が、ほかならぬ〈顔〉なのである。

対面

〈顔〉という、はすかいの現われに抗するかのようにして、〈顔〉に真正面から向きあおうとした画家がいる。アルベルト・ジャコメッティ。

ジャコメッティは生涯、数えるほどの人物しか描かなかった。後年になって、その数えるばかりの人物を、来る日も来る日も、正面からくりかえし描いた。日がとっぷり暮れてキャンバスがほとんど見えなくなっても、それでもモデルを椅子に座らせたまま描きつづけた。モデルを中心に配し、ざっくり粗描きしたあと、背景をその感触だけひょいひょいと線描し、それからまるでモデルの顔を襲撃するかのように描き込んでゆく。ほのかに顔が浮かび、整ってきたとおもえるその瞬間に顔は削ぎ落とされる。ばっさりと。そしてまた、顔の探索が、顔の構築がはじまる……。

モデルをしたジェイムズ・ロードの証言によると、それはこんな作業だった。

次の日は、モデルをして九日目だった。私は仕事中ジャコメッティがなにをしているのか、彼がさまざまな筆を使うその使い方を観察することによって、またどんな色をいつ使うかに注目することによって、判断できるようになってきた。彼はいつも八本か九本の筆を一束にして持っていたが、けっして三本以上を使うことはなかった。それは、細長く、しなやかな、セーブル毛の穂先で柄の細い筆が二本と、これよりもかなり太く、短く、硬い穂先で柄の大きな筆が一本であった。二本の細い筆のうち一本は、頭を〈構築〉するための黒に使われる。なんども小さく往復運動しながら次々と上に塗り重ねることによってしだいに頭部を形成していくのだ。しばらくこういうやりかたで仕事をしたあとで、彼は筆をテレピン油の皿に浸し、穂先を指で絞る。それから、彼は同じ筆で今度は白か灰色の絵の具を使って描き始める。このことから察するに、彼は頭の輪郭とヴォリュームとを表現し、またハイライトを加え始めているのだ。やがて彼はもう一本の細い筆を持って、今度は白の絵の具だけを使って、それまでに描いたところに手を加え始める。これが始まると、私は頭がまもなく〈崩壊〉局面に入るだろうことを知る。それからしばらくして、大きな筆が活用される。それは細い筆よりもずっと自由に、さっと撫でるような仕方で用いられる。これは、頭の背後と回りの空間を描き出し、肩と腕の輪郭を表現し、そして最後に細部を塗りつぶすことによって〈崩壊〉の漸進的過程を完結するのに役立つ。それから、彼は最初の細い筆で、もう一度、黒い絵の具を使って、いわばなにもないところから、目の前に見えるものに似たものを描出しようとし始める。このようにして、繰り返し繰り返し描き続けられるのだ。

——『ジャコメッティの肖像』関口浩訳

引用した図版を見ていただければわかるように、黒や濃いグレーで描き込んでゆくうち、顔はほとんど真っ黒の塊になる。額にかろうじて残ったハイライトがひっかき傷のように頭部の全体に増殖してゆく。それらがふたたび黒で塗り込められる。頸《くび》がわずかにいざったかとおもえば、また白い線がうごめきだす。整いかけた顔が、見えないヴェールの向こうに退いてゆく。顔が消えたその漆黒のなかからどこからともなく鈍い光がせり上がってくる。顔面を測定しているかのような直線がちらっと走る。面がこそげてゆく。ふたたび

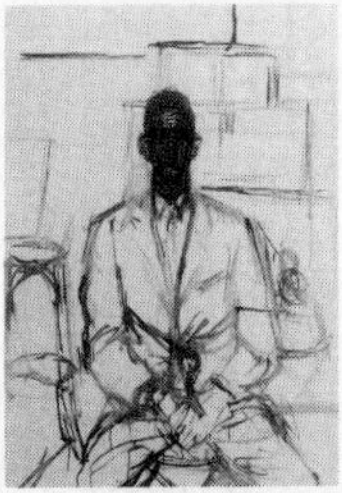
1

2

3

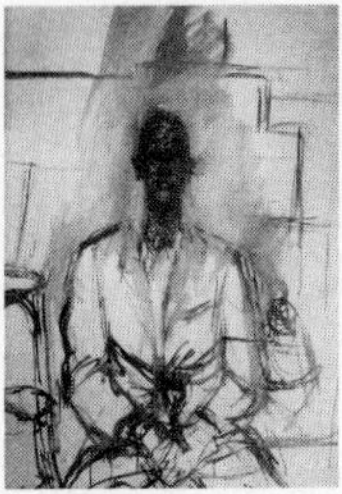
4

5

6

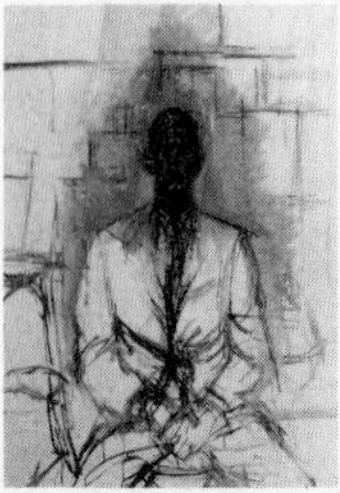
7

8

9

10

11

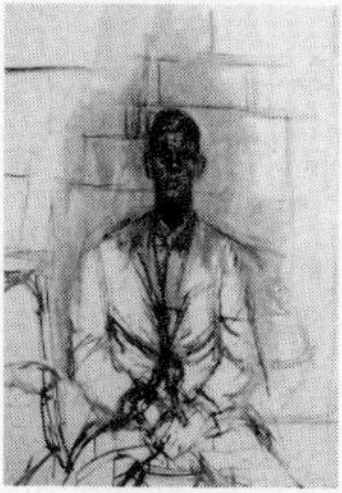

12

13

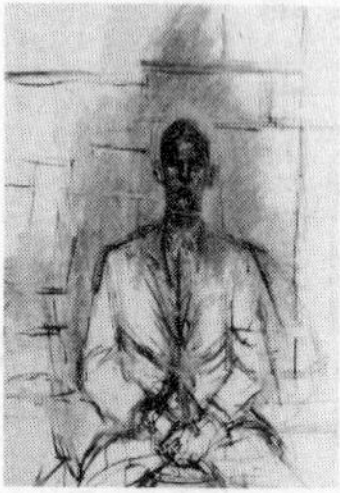

14

15

16

17

18

闇に沈む。気がつけば茫洋とした薄暗がりが漂うのみである。そのなかからまた別の気配が仄《ほの》かに浮かび上がる。やがてそれがまっすぐにそそり立つ。が、それを支える線がすぐに過剰なまでに顔を覆いはじめる。その間、胸から下はほとんど描き込まれることはない。顔を包む背景はゆったりと明滅をくりかえしている……。これがひと月もふた月もつづく。

ある日、ひとりの出版関係者が絵を観察しながらこう言ったという。「これはすばらしい。映像《イメージ》の現れては消えていく感じがほんとうに目もくらむようだ」、と。この言葉にジャコメッティはこう応えた。「目がくらむようなのは、この絵が始まってさえおらず、けっして始まらないだろうということなんだ」。

ジャコメッティのこの言葉の意味するところは何か。彼が漏らした別の言葉がヒントになる。「ぼくは作品のなかに人間の感情を表現することはまったくできない。ぼくはただ頭を構築しようとしている、ただそれだけのことだ」。あるいは、「人々は、まさに他人が見てしまったものに基づいてものを見ているというのはほんとうだね」。

感情を斥けるということ、他の人びとが見てきたものから離れること。これは、わたしたちのこれまでの文脈に引き寄せていえば、〈顔〉はその向こうにある何かの徴や記号や現出ではないということ、そして人びとは〈顔〉を、ほとんどのばあい、その意味、その造形と取り違えているということだ。かつて三木清は『構想力の論理』のなかでこう書き綴っていた。「我々は見るものを模倣するのでなく、想像するものを模倣するのである。或は一層正確に云へば、我々が想像するものに従って見るものを模倣するのである」。ジャコメッティはこうした「見る」からかぎりなく遠い場所に立とうとしていた。

見えているのに描けない。わたしにはそれをする勇気がないと、ジャコメッティは吐きだすように言う。おなじく長時間モデルを務めたもうひとりの証人、矢内原伊作は、「何をあえてする勇気ですか」と訊く。返ってきたのはこんな答えである。「消すことだ。すでに描いたいっさいの細部を消す勇気だ、その勇気が必要なのだ。しかし細部を消せばなにも残らなくなってしまう、それが恐ろしいのだ。畜生《メールド》！」。その言葉が発せられた場面を、矢内原はこう書いている。「そう言って彼は自分自身にたいして怒りを爆発させ、じだんだをふむのである。仕事が進めば進むほど画面の上のぼくはますます消され、しだいに虚無へと近づいて行くかと思われた」。

消すことが描くことの大半であるような作業。たえざる修正、たえざる描きなおしとともに、顔は整ってゆくどころか逆に消えてゆく。ジャコメッティはその場面でこそ、仕事は「進んでいる」とモデルに言う。整いかけた顔などどうでもいいと言わんばかりに、かたち、そう肖像になりかけた顔を、画面から剝ぎ落とす。かたちの到来を放逐するかのように。彼は何の到来を待っているのだろう。彼は、消えることそのことを必死で定着させようとしているかにみえる。まるで描くことが完了したのちにしか〈顔〉の構築ははじまらないとでもいうかのように。

もう一つ、矢内原伊作の証言を。

彼が画布の上に描いては消し、消しては描き重ねる無数の微細な黒白の線、それは顔の部分でもなく輪郭でもない。むしろ反対に、部分や輪郭を消去し、それを見る者の視線のうちに顔をうかびあがらせるための構築である。存在を打ち消すことによって存在を喚起すること、それが彼の企てだった。「顔を描いてはならない、顔は画面の上で生まれるのでなければならない。つまりそこにあるものとしてではなく、逆に無いものとして、見られることによってはじめて生まれでるものとして描かなければならない」と彼はよく言った。だがどうしたら虚無が描けるか。「消すこと、内部にむかってどこまでも消して行くこと、そして何が残るかを見よう。結局何も残らないかもしれない。畜生!」

消去に消去を重ねてネガティフなものに達しようとする彼の仕事は、想像力によってポジティフなものを発明したり、存在をオブジェとして再現したりする芸術とは方向において正反対だ。

——『ジャコメッティ』

絵はいつまでも完成しない。キャンバスにはじめに粗描きの線が引かれたときには、背景があり、その中心に人物のトータルな佇まいが仄《ほの》かに浮かび上がる。凡庸なまでに遠近法的な空間が下描きされる。が、そこからはじまる苦闘は、この遠近法を完成させようという意志すら感じられない。顔という照準点から、それを裂くというかたちで伐《き》り開かれようとしているのは、別のもう一つの奥行き、〈顔〉という、遠近法とは別の強度をもった現出空間なのだ。窪みや突起、遠ざかりや消失……。ここでジャン・ジュネの絶妙な表現を借りて、「こんな下手な言い方しかできなくて気が重いが、私にはこの画家が──額とこめかみから髪の毛を後ろに引っ張るように──顔の意味作用を後ろに(画布の背後に)引っ張っているような気がする」(『アルベルト・ジャコメッティのアトリエ』鵜飼哲編訳)、そう言ってみたいほどである。ジャコメッティが探究していたのは、この意味作用の背後であり(だから肖像も感情も描かない)、表象されるというかたちで現われてくるのではないもの、むしろそうした現われをみずからは消え入ることによって、背後に退くことによって可能にしているものだったのではないか。〈顔〉としてそれが探究の照準点になったのは、〈顔〉がもろもろの現われの裸形とでも言うべきものだったからではないか。現われとは根源的に〈顔〉であると、ジャコメッティは言おうとしたのではないか。だから

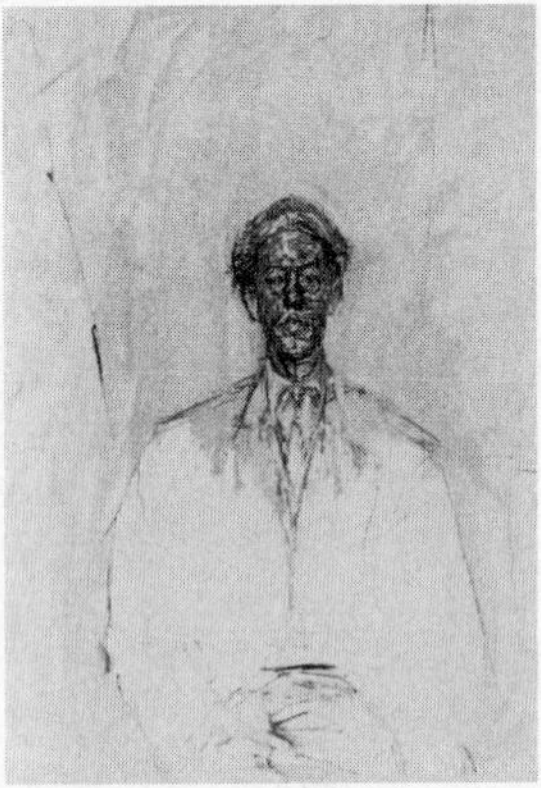

2

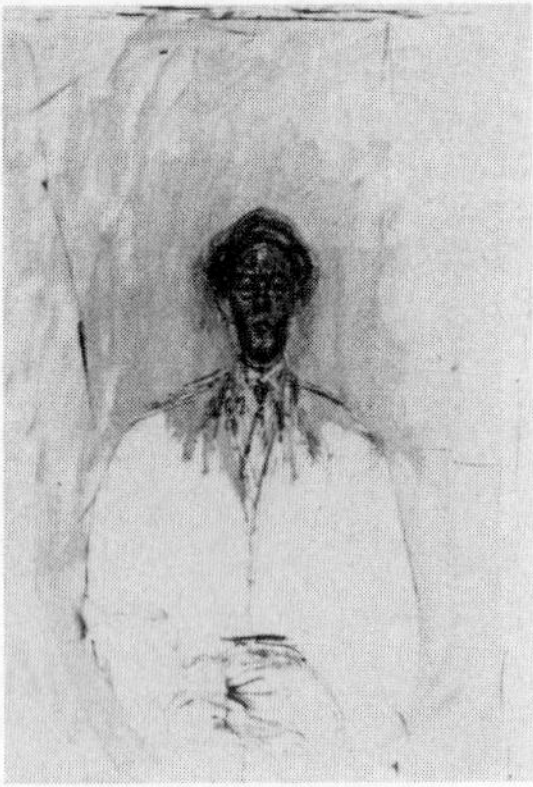

1

4

3

「ヤナイハラの肖像」の制作過程、1961 年彼は、特定のひとの顔でありながら、それがだれかの顔であることを拒んだ。消えることそのことをキャンバスに定着させようとしているかのような仕事、これは生まれかける肖像をやみくもに消すことではない。「内部にむかってどこまでも消して行くこと」、そうジャコメッティは語っていた。それはどこまでも〈顔〉の「構築」をめがけている。が、「構築」の作業はますます虚無に近づく……。この「内部」を宮川淳にならって、「それ自体の凝集力」と名づけてみたい、その誘惑に抗することはいまのわたしにはできない。宮川のその言葉はこうである。――「空虚はもはや外側から限定され、閉じ込められるのではなく、いわばそれ自体の凝集力によって自らを支えながら、そこに立ちはだかっている」（『鏡・空間・イマージュ』）。

到来

〈顔〉は、消え入るというかたちでしか現われえないもの、不在というかたちでしか現われえないものである。これは、隠れることによって何かを現わせる、それ自身は現われないことで現われを可能にする、現象学者たちが執拗に探究してきたあの「現われの超越論的条件」に酷似している。その意味で、現象学者たちは世界の現われの構造を〈顔〉として探究していたと言えなくもない。

消え入るその〈顔〉、把捉を逃れるその〈顔〉を、ジャコメッティは執拗にキャンバスの上に構築しようとした。それはもともと不可能な試みだったのかもしれない。けれども、ジャコメッティにおとらず〈顔〉もまた執拗である。〈顔〉は、儚くも強烈な切迫のなかで、わたしたちをまなざすからである。絵画もまたわたしたちをまなざす。儚くもある強度をもった切迫のなかで、わたしたちにふれてくる。とすれば、〈顔〉を、そしてそこから発してくるまなざしを描くことで、キャンバスの上に描かれたそのまなざしによって、絵画それじたいがひとつのまなざしになるということになる。絵画もまた〈顔〉としてわたしたちをまなざし、わたしたちのほうに「乗りだして」くるのだ。ジャン＝リュック・ナンシーの肖像論はそのあたりの消息にふれている。肖像を論じることは絵画の一ジャンルを論じることではなく、絵画の存在そのものを論じることであるというのも、そこに理由がある。そして二十世紀の西洋絵画は、この、絵画の可能性そのもの、つまりは「眼差し」としての絵画の存在をぎりぎりまで問いつめてきたという。

この同時代〔の実践〕は、肖像の眼差しを穿つと同時に貫通させるが、また同様に〔したがって〕眼差しを激化させ、突出させ、見開かせる――眼差しを顔から外へ出し〔ピカソ〕、はるか彼方から眼差しを孤立したものとして画布のなかに到来させ〔ジャコメッティ)、眼差しをねじり苛む(ベーコン)。あるいは、ちかちかするアクリルの明るみのなか、ハイパーリアルなものとなった眼差しを前面に掲げる。あるいは眼差しをなぐり描き、塗りたくり、あるいはまた、眼差しを白いブロックに変形させたりもする。同時代の芸術は、かくして、ますます目をくらませながら、眼差しそれ自体の隙間のなかに潜りこむ眼差しへと生成し、つまり、画家の眼差しと同時にある他者の眼差しへと生成する(以下略)

——『肖像の眼差し』岡田温司・長友文史訳

注意しよう。ナンシーはジャコメッティが「はるか彼方から眼差しを孤立したものとして画布のなかに到来させ」と書いている。そして矢内原の証言によれば、なによりもジャコメッティ自身が、「顔を描いてはならない。顔そのものがやって来なければならないのだ」と語っていたという。

到来するものとしての〈顔〉。それについてかつてわたしは、『見られることの権利——〈顔〉論』(メタローグ刊、現在は『顔の現象学』として講談社学術文庫に収録されている)のなかで、宮川淳の言葉を借りて、〈顔〉とは「見られることへの呼びかけ」にほかならず、それ以上でもそれ以下でもないと書いた。素朴画家たちの肖像画にふれて宮川が書いていたのは、次のような文章である——

彼らにとって、顔はもはやほとんどだれかれの顔でさえなく、単純に顔、しかも深く、見られることの権利以外のなにものでもないかに思える。彼らの描くこれらの顔、それはほとんど彼らの絵画そのもののメタファとさえいえないだろうか。／（中略）素朴画家たちにとって、事物はそれが眼に見えるものであるから見られるのではない。たとえ眼に見えない事物、存在しない事物であっても、それらが彼らによって見られることを要求するからこそ、彼らはそれらを描く。そのとき、彼らはイマージュをなにものかのイマージュとしてではなく、すでにイマージュそれ自体のために描いているというべきだろう。ボーシャンの描く花は、もはやなんらかの花のイマージュというよりは、花が花そのものでしかないように、イマージュそのものと化している。そして花のように美しいのである。／（中略）ボーシャンにあっては、アレゴリカルな、あるいは文学的な主題が本来もっていたはずの意味はイマージュの自己増殖のなかに見失われてしまい、意味不明の世界、いや、意味のありえない世界を出現させるのである。そこにあるのは、背後のないイマージュ、この無数の顔、ただ、見られることへの呼びかけだけであろう。

――宮川淳、前掲書

最後の文章の「無数」を「一つ」に変えれば、これがジャコメッティについて書かれたものだとしても多くのひとは訝しくおもわないだろう。

〈顔〉は別の〈顔〉との接触のなかで「だれかの顔」となる。この接触、つまりは「見られることへの呼びかけ」から外された〈顔〉は放心するよりほかはない。そのとき〈顔〉はうつろなまま無人の空間に曝される。他者の顔の切迫、あるいはむしろ〈顔〉としての他者の切迫が、わたしの顔を可能にするのである。わたしを他者に対して〈顔〉として存在させるのである。

「見られることへの呼びかけ」としての〈顔〉は、これまでくりかえし述べてきたように、そもそも対象のように見ることはできない。呼びかけには、それを聴くこと、それに応えることが求められているのであって、対象としてまなざし返すわたしの視線の前では、他者の〈顔〉はすばやく撤退してしまう。〈顔〉が見えないのは、だから、そもそも視覚上の問題なのではなくて、〈顔〉が「呼びかけ」であり、わたしによる把捉の対象となることからのたえざる撤退であるからなのだ。

わたしを〈顔〉として存在させる他者の〈顔〉そのものは、わたしには見えないわたし自身の〈顔〉が誘いだしたものだ。おなじように、他者の〈顔〉が、わたしには見えないわたしのこの〈顔〉をいま誘いだしているのだろう。たがいにみずからは見えないおのれの顔のこうした交換が、〈顔〉を呼びよせるのだ。このような召還のなかで、わたしは「わたし」となる。〈顔〉とはまさに他者によって贈られるものなのである。けれども、その〈顔〉は「わたし」には所有できないものである。「わたし」の意のままにならないものである。むしろその〈顔〉のなかに「わたし」がときたま訪れるというようなものである。あるいは、他者によってその〈顔〉のなかに「わたし」が無理やり引きずり込まれるというようなものである。

〈顔〉の現われは、「わたし」の顔として、あるいは特定の他者の顔として、現われを（わたしの意識の）対象へと約《つづ》めてしまう、そのような「所有」のまなざしから外されねばならない。「顔は所有に抵抗する」とはふたたびレヴィナスの言葉だが、レヴィナスがそのことで斥《しりぞ》けようとしたのは、なによりも、たがいに架橋も還元も不可能な〈ひと〉の複数の存在を、「われわれ」という、無名の主体の集合態へと解消してゆくような普遍的な思考、中立的な思考であった。つまり彼は、〈ひと〉の存在の根源的な多様性を「同」ということによって包囲するappropriation〔占有＝併合〕の運動に最後まで抵抗するものとして、〈顔〉の現われを考えていたのであった。〈顔〉は主体ではない。〈顔〉が主体となったとき、それに誘いだされたもう一つの〈顔〉はその主体の対象となり、そのことで〈外〉としての〈顔〉が主体の内部に強制収容される。多様性を「同」へと併合する論理がそこに駆動しはじめる。

そのレヴィナスが、あるいはかのジャコメッティが、終生〈顔〉にこだわりつづけたのは、〈顔〉を包囲しにやってくるあらゆる意味を剝ぎとり、そして、どのような取り込みにも抵抗する〈顔〉の、脆く儚く壊れやすい、つねに〈死〉の可能性に引き渡されたその裸形の現われを、〈ひと〉という存在の原型として救いだすこと、そこにしか現在における「書くこと」の、そして「描くこと」の意味はないと信じていたからではなかろうか。

2 こころ　しるしの交換

おもて

いますこし〈顔〉のように執拗に？）、〈顔〉について考えつづけることから始めたい。「おもてを上げえ」という殿様の台詞ではないが、顔は「おもて」とも言う。「おもて」は「表」と書くが、「面」とも書く。能面の「おもて」がそうである。両方を合わせたのが「表面」という言葉。が、「表面」ほど顔にそぐわない言葉もまた、ないようにおもえる。

顔の背後に何かを想定すれば、顔はなるほど「表面」になる。それが表わしているひとの「こころ」とか「想い」とか「内面」とかを想定すれば、顔はそれの表出、つまりは外への現象形態だということになる。「作り顔」というのも、そのような内部が顔の背後に存在すると考えると納得できる。顔はたしかに「作れる」。それでその内なる何かを「繕う」ことができる。

「うわべを繕う」と言う。そう、もうここになにやら価値的な差別が設定されている。顔はうわべのかたちであり、ほんとうに存在するといえるのは、その背後にある「こころ」だというわけだ。顔が「うわべ」であり、「見かけ」にすぎないと考えられるとき、それは「表面」になる。言ってみれば、「外面」、そう、「そとづら」である。つまり顔には、ほんとうの顔と偽りの顔という区別が差し込まれている。顔には、その背後にあるものをそのまま曲げることなく映している「素顔」としての顔と、その背後にあるものを隠蔽している「仮面」としての顔とがあるというわけだ。「素顔」を出すひとにはその表出に曇りはなく、だから他人から「素直」だと言われ、あるいはそれを裏返して「すきだらけ」（無防備）とも言われる。「素顔」をすぐには露わにしないひとには背後を見えにくくするいくつもの遮蔽幕があって、だから「ひねくれている」「屈折している」と、あるいは「よこしまな」ひと、「一筋縄ではいかない」ひとというふうに、他人には映る。

が、顔はほんとうにだれかの「表面」なのだろうか。「表」には「裏」がある。「面」には「奥」がある。おなじように、顔には「裏」があり、「奥」があるのだろうか。「内部」という名の。ついでにいえば、アピアランス、つまり「現出」の背後には、サブスタンス、つまり「実体」がある。顔がもし「現出」だとしたら、それは「実体」ではないことになる。ちなみに「実体」とは、哲学の定義では、それが存在するのに他のものを必要としないもの、他に依存しないもののことである。とすれば、顔はそれじたいでは存在しえないものなのだろうか。その背後にあるものを想定してはじめてその存在が可能となるものなのだろうか……。なにやら怪しげな話である。

ひとの顔をうかがうということには、たしかにその表情をつうじてそのひとの真意を推し量るという面がある。うかがううちに、そのひとが何を思っているかが仄かに見えてきて、というより、見えたと思えてきて、相手の顔がそれまでとは違うように見えだすこともある。が、これは顔の背後が見えたということではない。別の、これまで見えなかった顔が見えたということだ。つまり、顔をめくればもう一つの顔が見えたということにほかならない。その意味では、〈ひと〉の存在はどこまでも〈顔〉として現われる、めくってもめくっても〈顔〉として現われる……。そのように言うほかない。

顔なしにその人を思ひ浮かべることは決して出来るものでない。（中略）勿論顔の他にも肩つきであるとか後姿であるとか或は歩きぶりとかといふやうなものが人の記憶と結びついてはゐる。然し我々はこれらの一切を排除してもなほ人を思ひ浮べ得るが、たゞ顔だけは取り除けることが出来ない。後姿で人を思ふ時にも、顔は向ふを向いてゐるの

——和辻哲郎『面とペルソナ』

である。

このように言えるのは、〈顔〉の現われが、アピアランス、つまりは何かの現出なのではなく、〈顔〉という現われが〈顔〉の存在そのものであるからだ。〈顔〉は何かの外見でも仮象でもない。いや、ここでもっと言葉を強めて、〈顔〉こそがあらゆる現出の原型であると言うべきではないのだろうか。あらゆるものはまずは〈顔〉として現われる、それが注視や観察や鑑賞の対象となるのは〈顔〉としてふれたうえでのことである、と。

そうだとすると、〈顔〉がちらちら現われ、瞬間ごとにめくれ、ときに別のそれへと反転したりするのも、「作り顔」のあいだから間歇的に「素顔」がのぞくというふうには解釈しないほうがいいということになる。本物か偽物かという区別そのものは、その背後に想定された「存在そのもの」をストレートに表出しているか、歪めたり覆ったりしているかという区別でしかありえないからだ。〈顔〉はしかし、背後というものを前提しない、背後より先なる「存在そのもの」である。あるいは、「存在」と「現象」という区別に先行する存在の様態として「現われそのもの」であると言っても、じつはおなじことなのだ。

こうして、「素顔」と「作り顔」、「顔」と「仮面」という線引きが揺らいでくる。「マスク」という言葉、「おもて」という言葉、この二つの言葉における意味の揺れが、〈顔〉の現われを反映しているようにおもわれる。「マスク」は、仮面もしくは顔の覆いとして、顔を隠すもの、顔を偽装するものであるが、「甘いマスク」というように顔ぶりのことでもある。「おもて」は能において顔面に装着する面のことであるが、「おもてを上げえ」という台詞にあるように、ときに顔そのものをも意味する。ときに、というのはしかし、じつは不正確で、「素顔」か「仮面」かという二者択一こそ、事後的に挿し込まれる差異線にすぎないと考えたほうがいい。

「仮面」の誘惑

〈顔〉を「顔」へと転位させるのは、同一性という観念である。身分証明書（Identity Card）にはかならず「顔」が添えられている。画像としての「顔」が、ある人物の同一性のしるしとして貼りつけられている。わたしが「わたし」であることを「顔」の同一性で証明するのが、わたしたちの社会である。この社会では、わたしたちは生まれてから死ぬまで自他ともに認める同一の存在でなければならない。同一の存在であるというだけでは不十分で（たとえば名前だけの名刺）、公的なものへの所属、同一の社会的属性、同一の居所を、いつでも明らかにする用意がなければならない。つまり、わたしたちはみずからの存在を《国家》に登録しておく必要がある。個人としての自由が「保証」されるためには、

《国家》による認証がなければならない。それを欠くとき自由がまったく担保なしになるのは、国境を通過するときにだれもが思い知らされることである。

わたしはいつも「わたし」でなければならない。けれども、「自分が自分自身であると同時に、自分の知らない誰か他の人でもある、という気持ちを、たとい束の間のうちにせよ、覚えたことのない人間など、想像しうるだろうか」（J＝L・ベドゥアン『仮面の民俗学』）。わたしを駆り、突き動かしているものが「わたし」であると言い切れるひとなどいまい。わたしの存在は、わたしの理解を超えている。わたしは、わたしの想像が及びもしないところで存在すべく葛藤している。「わたし」はついに、いつもなりそこねた存在としてしかありえない。〈顔〉は、その意味で、つねになりそこねの現象である。そのなりそこねを隠し、擬装するのが「顔」である。「顔」はたがいに鏡として映しあうことで、そのなりそこねを繕う。悦びの顔、恨みの顔、苦しみの顔、怒りの顔、放心の顔、鬱屈の顔、猜疑の顔……として、その構成のルールをたがいに交換しあうことで、理解可能な「顔」を取り繕う。「顔」とはだから、〈顔〉を被う一つの制服なのだ。

仮面はおそらく、そのような「顔」を外すためにある。

「仮面はひとの顔を隠すが、その仮面は、それを装着するひとの顔が隠しているものをあらわにする」。〈顔〉をめぐるこのような逆説を析出したのは、G・ディディ＝ユベルマンの論考「文法、騒音、沈黙」である。顔を覆い隠すものが、顔が隠していたものをあらわにする。この反転こそ、〈顔〉という現象を根っこのところで確定するものである。

〈顔〉は、その点において、言葉と似ている。何かについて語る言葉と、言葉によって語りだされる何かとの関係、〈顔〉という現象はそれに似ている。M・メルロ＝ポンティの未発表原稿のなかに、こんな言葉がある。「語ることないし書くことは、まさしく一つの経験を翻訳することであるが、しかしこの経験は、それが惹き起こす言語行為によってのみ原文となりうる」。言葉は経験を翻訳するものではない。それはむしろ、経験を経験としてはじめて可能にするものだというのだ。経験と言葉との関係は、けっして原文と翻訳との関係ではない。おなじように、〈顔〉と「その人」との関係も、けっして原文と翻訳との関係、つまりは存在と現象との関係ではない。かといって、〈顔〉はあくまで現われであって、「だれか」の存在そのものであるわけでもない。いわば原文の存在しない翻訳として、〈顔〉はある。

仮面はおそらく、「わたし」でしかありえないわたし、つまりは同一性の檻に囚われたわたしを「わたし」ではないものへと解き放つものとしてあったはずだ。仮面は、そうおもわれているように「偽装」の装置なのではなくて、同一性の檻の外へとひとを誘いだす装置としてあった。「わたし」が知らないわたし、「わたし」へと纏《まと》めることで押し殺したわたしを、その陰のなかから再浮上させる装置として、である。先にも引いたJ＝L・ベドゥアンが、仮面を、「存在のもっている像を変形させることによって、存在そのものを修正する」装置であると定義したのも、そうした謂《いい》であろう。

仮面は、同一性の秩序の外へとひとを誘う装置である。そのような、「世界」の外へと出る、つまりは《超越》のためのメディアが、「社会」の内部を循環する「顔」たちのたんなる相互微調整のメディア、つまりはちょっとした「変身」のメディアに頽落しているのが、いまの「顔」である。モダンな社会において、仮面は化粧にとって代わられたのだ。そう、ナチュラル・メイクという、それじたいが自己撞着でしかない化粧に。「仮面の衰退とともに、近代の退廃が始まった……」とは、「聖社会学者」、ロジェ・カイヨワの苦々しい独白である。

心は見えない？

では、〈顔〉が隠しているのではない「こころ」というものは、どこにどういうかたちである（と言える）のだろうか。

「心があると思うか」と問われて、「ない」と断言するひとはめったにいない。では、「心を見たことがあるか」と問われると、「見た」と言い切るひともこれまたいない。さらに

「心はどこにあるか」とたたみかけられると、これは答えがちりぢりになる。眼のなか、胸あるいは喉のあたり、（こましゃくれた子は）「脳」の内部、（ひどく大人びた子なら）「下半身」、と。

これ、ある小学校の出前授業でわたしが生徒たちに投げかけた問いである。成人学級でおなじ問いを投げてもきっと、おなじような答えが返ってくるはずだ。いちども見たことがないのに、各人が「そこにある（と思う）」と言う場所はまちまちなのに、それでもみなが「心はある」と考えるのはどうしたわけだろう。

あれっという顔をしている生徒たちに、わたしは、いっそのことこんなふうに考えてみたら、と誘いかけた。「心は見える」、と。そう、心はまごうことなく見える。見たこと、あるいは聴いたことのないものなど、存在するとためらいなく言えるものではない、はずだ。心が見えるということを言葉で的確に表現できないために、ひとはまるで心は見えないところに伏せられていると言うつもりで、「胸の内に」などと言ってきたのではないか。「内」と「外」という空間的なもの言いが心の存在に妥当するのかどうかはさておいて、「胸の内」などと言うまえに、ひとは、他人が悲しんでいるのを、怒っているのを、迷っているのを、焦っているのを、浮《うわ》ついているのを、鬱《ふさ》いでいるのを、しかと見てとっている。そのとき何を見たのか。「悲しみ」を、「怒り」を、である。そうとしか言いようがない。そのとき、「悲しみ」や「怒り」がそれじたいとして見えると言っているのかといえば、そうではない。せいぜいのところ、「だれかが悲しみ、怒っているのが見える」と言っているにすぎない。

もういちど言うと、ひとは「だれかが悲しみ、怒っている」のをたしかに見たのである。では、（ヴィトゲンシュタインにならって）「悲しみ」とは「悲しみのふるまい」のことであると言い換えるべきだろうか。おそらくそのように言い換えることはできるとも、できないとも言える。できると言えるのは、「悲しみのふるまい」をとおしてしかひとは他人の「悲しみ」にふれえないからである。できないと言えるのは、ひとはまずは「悲しみのふるまい」としてだれかの「悲しみ」にふれるのではなく、端的にだれかの「悲しみ」にふれるからである。

「悲しみ」や「怒り」、「迷い」や「焦り」、「浮つき」や「鬱ぎ」は、もし心というものが存在するのだとしたら、そのさまざまな具体的様態として考えることができる。が、心とは、「悲しみ」や「怒り」、「迷い」や「焦り」、「浮つき」や「鬱ぎ」などを具体的な様態としてもつ実体なのだろうか。実体だとすれば、たしかにそれがある場所を問うことはできる。が、仮にもしそうであるにしても、それは肋骨の内側に、胸筋の内側にあるような仕方で、「胸の内」にあるものなのだろうか。あるいはまた、「悲しみ」や「怒り」、「迷い」や「焦り」、「浮つき」や「鬱ぎ」は、そのように「胸の内」に伏せられたものの外部への表出として理解すべきものなのだろうか。ここには思考のあまりにも執拗な枠組みが、経験を一つひとつ反芻するまえにそこに過剰に挿し込まれているようにおもわれる。実体と様態、存在と表出、内部と外部といった枠組みが。

〈しるし〉、あるいはふるまいの形

心は、まるで自明のことのように、身体に対置される。「こころ」と「からだ」、精神と肉体といったふうにである。けれども、心と身体は、たとえば上／下、左／右というような相互に排他的な二項対立、つまりは論理的な〈対〉の関係にあるのではない。むしろ、言語上は一見対立するものとして設定されながら、じつは相互浸透的な、あるいは相互補完的な関係にあるものとして受けとられていることは、「身を焦がす」「心を焦がす」という表現がほぼ等価であること、「身を砕く」という表現がかいがいしくからだを動かすことと痛々しいばかりに心を尽くすということとをともに意味すること、「栄養が身につく」「教養が身につく」という表現が両立しうることなどからしても、おおよそ察しはつく。

それればかりではない。「おもて」が顔と仮面をともに意味したように、たがいに背反すると見えながらその実たがいに浸蝕しあい、言及しあうことでなりたつような言い回しというのは、ほかにもいろいろある。「かたり」が語りと騙りをともに意味するというのがそうであり、「ひと」が人間（「わたし」もその一人である）と他者とをともに意味するということ、「もの」が物でも者でもありうるということ、それどころか「もののけ」や「もののあはれ」「ものもらい」の「もの」でもあるということもそうである。

それにしても、たとえば「だれかが悲しんでいる」のを見るというのは、よくよくどういうことなのだろう。「だれかが悲しんでいる」というのは、押し殺した声の抑揚（慟哭《どうこく》のような激しい抑揚もある）、避けるような視線、潤んだ眼、うつむき加減の変化に乏しい顔、落ちた肩、ふだんより緩慢な、次の瞬間にも動きそうにない身ぶり……。これら一定のパタンを描くふるまいや佇まいの趨勢が前後の脈絡から浮き立ってくるときに、ひとはそのひとが「悲しんでいる」と言うのであろう。

ヨハンソンら知覚心理学者たちのおもしろい実験がある。十数個の光点をひとの関節につけ、暗闇のなかでその光点だけを観察者に見せる。その実験結果については、佐々木正人が『アフォーダンス——新しい認知の理論』のなかで簡潔に紹介している。

光点が静止しているときには、点のつくる無意味なパタンが知覚されるだけである。

しかし、光点が動いたとたんに、光点が人の身体に付いていること、付けている人が男性か女性か、何歳ぐらいかということがきわめて容易に知覚される。また、光点をつけた人が手に何かを持っている場合、それが何キログラムぐらいの荷物か、人が荷物を放り投げた場合、それが飛んだ距離なども知覚できる（もちろん荷物には光点は付いていない）。光点を付けた人が動いた場合、移動が早足か普通の速度かということ、さらにその人が移動している床が固い石かマットレスのように柔らかいものか、などということまでも知覚される。

ここでは、「見る」というのは、見えるもののなかから「不変項をピックアップする」ことだとされるが、この不変項は「わずかな配列の変更だけでも」感知される。このことは、わたしたちもまた一筆描きのような似顔絵（似姿絵？）で、数本のくねった線のなかにだれかあるひとの佇まいを写真よりもいきいきと見てとることから、容易に想像がつく。それら一連のパタンを「振り」として人形に演じさせたのが文楽であろう。「振り」と「舞い」の集合から「こころ」をそこに現前させる。歌舞伎にもおなじような演目がある。「京人形」である。左甚五郎は惚れた花魁を人形に彫る。その姿はまるで生き写しだが、女の魂が入っていないので、男っぽいぶっきらぼうな動きをする。そこで甚五郎が、女の魂といわれる鏡を人形の懐に入れる。すると人形は花魁になって踊りだす。そして鏡を抜くとまた男の動作に戻る……。男の役者が女形と人形を二重に演じ、それがさらに、女としての色気を失うことなく武骨な男舞いをコピーしたり、解除したりする。こうして人形役の身体のうえに、「振り」と「舞い」、そう、ひとの〈しるし〉が幾重にも折りたたまれる。

この〈しるし〉の連続を様式として洗練させたのが、歌舞伎の所作である。歌のような口舌と、しなるようなふるまいとによってわたしたちの「情」にあたえられた、見え、聞こえる形、それをわたしは〈しるし〉と呼んでいるのだが、役者の身体は、心というものがけっして見えない内奥のものではなく、指先、足先にまでゆきわたった見えるものであることを教える。時間と（身体という）空間のなかに溶けでたひとの「情」。それは胸苦しいばかりに濃い。その濃さは、男を女が演じていること、老人が娘を演じていることを忘れさせる。男女の、声としぐさに現われる、それ本来は作り物でしかない〈しるし〉が〈ひと〉をかたちづくるものであることを、まざまざと伝える。

わたしは〈しるし〉の連続を様式として洗練させたものが、文楽の動作、歌舞伎の所作であると言った。けれども、よく考えてみれば、わたしたちの日常の「ふるまい」こそ、この「振り」と「舞い」の組み合わせにほかならないのではないか。「ふるまい」を様式化したのが「振り」と「舞い」なのではなくて、逆に、あたえられた「振り」と「舞い」をまねぶなかで、ひとは人びとのあいだに充満する〈しるし〉をおのれのうちにも浸透させ、そして「情」を他者たちと分かちあうべくおのれのうちに住みつかせてゆくのではないか。

スケーマ

もういちど問おう。日常の「ふるまい」が洗練され、虚構化されて、演技としての「振り」と、様式化された「舞い」へと分化するのではなくて、逆に、「振り」と「舞い」という、あたえられた形式のまねびが、日々の身ごなしとしての「ふるまい」へと標準化され、そこにあらためて「こころ」を立ち上がらせるのではないだろうか。その意味で、「振り」と「舞い」とは、なにかの複写でも捏造でも洗練でもなく、むしろ再現、再構成ということからおよそ切り離された純粋な〈しるし〉としてそこにあるのではないだろうか。〈ひと〉の存在とは、そうした〈しるし〉のモンタージュとしてあるのではないか。

ロラン・バルトは恋愛に寄せて、こう書いている――

動物界にあって性的メカニズムを誘発せしめているのは、具体的な個体でなく、ひとつの形体というか、色彩をそなえたフェティシュであるにすぎない（「想像界」はそのようにして活動を開始するのである）。魅惑のイメージがわたしに焼き付けるもの（感光紙に焼き付けるようにして）は、当のイメージの細部の総和ではなく、特定の抑揚のごときものである。突如としてわたしの心を射る（わたしを奪う）のは、たとえばあの人の声であり、肩の線であり、ほっそりとしたシルエットであり、手のぬくもりであり、独特のほほえみであるのだ。（中略）なにかがわたしの欲望（わたしにもよくわかっていないもの）にぴったりくるのだ。（中略）いたって平凡でささやかな動きが、あれこれと、あの人の身体の上を急速に通過してゆく。ほんのしばらく（しかし、はっきりと）指を拡げる仕草、足の開き方、ものをたべるときにぽってりした唇を動かす様子、なにかしらひどく散文的なことをしているときの身振り、肉体を一瞬白痴のように見せる挙措（あの人の「平凡さ」がわたしを魅惑するというのは、おそらく、一瞬ながらあの人の内に、あの人の人格とは切り離されたものとして、なにやら売淫を思わせる身振りがかいま見られるからであろう）。わたしを射とめる矢（これも狩猟の用語だ）は、日常性の小片というか、この上なく捉えがたい瞬間の身振りというか、要するにひとつの「スケーマ」（運動中の肉体、特定状況下の肉体、生きている肉体）にかかわるものなのである。

――ロラン・バルト『恋愛のディスクール・断章』三好郁朗訳

ここでいう「スケーマ」、ふつう「図式」（シェーマ）と訳されるこのギリシャ語を、ロラン・バルトは《恋愛の生物学》とでもいうべき枠組みのなかで用いている。が、「スケーマ」に惹かれるというとき、バルトの言うそれは、ふつうそう考えられているような身体の末端部分へのフェティシスティックな固着のことではない。それは言ってみれば、身ぶりの断片、わたしたちの言葉で言えば「ふるまい」の一断面としての〈しるし〉への固着である。あるいはこう言ってもいい。この惹かれとは、異性の身体の末端部分（あるいは付属物）へと〈愛〉がスライドしてゆく現象ではなく、むしろもっと中性的なものへの志向性としてとらえるべきものである、と。バルトはおそらく、個体としての他者への欲望ではなく、「スケーマ」への欲望として、恋愛をとらえている。

では、このバルトの眼に「文楽」の所作はどう映るのか。

〈たましい〉の放逐

文楽、その形式にはじめてふれたひとはひどくとまどう。そう、戸口がどこにあるのか、戸惑う。ロラン・バルトのとまどいもまた、だれものそれとおなじ種類のものであった。が、彼においてはそのとまどいが戸になった。

一つのとまどい。

文楽には役者がいない。ひとりの登場人物を三者が演じる。それも三つの場所で。人形と人形遣いと太夫である。いいかえると、操られるものと操るものと声音である。そのうちで声音は舞台のすそでしぼりだされる。太夫の声にかき集められているのは、「誇張された朗唱や、ふるえ声、甲高い女性の声、とぎれがちな抑揚、泣き声、怒りや嘆きや哀願や驚きの激昂、度を越した悲壮感」などである。声と動作の統一という通常の演劇の理念を前提とすれば、声が立ちあがる場所と動作の起こっている場所とのこれほどまでの隔たりにひとはとまどわざるをえない。俳優とは、二つのふり、つまりは声と身ぶりをひとまとまりにさせた存在だからである。声と身ぶり、つまりは「魂と身体」を染めあわせることで、舞台の上に「ひと」が現われる。演じるとはそういうことである。が、文楽では、声は人形の肢体から遠く離れたところでしぼりだされる。人形の「魂」は肢体から外されている。では、プシュケー（魂）が「息」という語義からきているように、声に「魂」がやどるかといえば、文楽の声はそうではない。「声が表現しているのは、結局のところ、声がもたらす内容（「感情」）ではなく、声そのものであり、声の切り売りなのであった」と、バルトは書く。だからここで、人形は「ひと」を模倣しようとしているのではないのだ、と。

もう一つのとまどい。

声をもたない人形は、身ぶりという「沈黙のエクリチュール」を浮かび上がらせる。ただしそれは他動的なものである。人形の肢体は、「いのち」を得てみずから動こうとしているわけではないし、人形遣いのほうもそれに「いのち」を吹き込もうとしているわけではない。身体を模倣しようとしているのではないのだ。それよりもむしろ、「生命あるもの／生命なきものという二律背反を拒んで、物体を生命があるように動かすことすべての背後にひそんでいる概念を追いはらうのである。ようするに「魂」(l'âme)という概念を」。文楽のいとなみをバルトは、このようにとらえる。別の言葉でいえば、「内面性」が「作業」にとってかわられている、と。

何人かのヨーロッパ人のように、観客は人形遣いの存在を忘れられるかどうか、などといぶかるのは無意味なことである。文楽は、その原動力を隠蔽もしないし、誇示もしない。そうして、生き生きとした演技から、いっさいの神聖な痕跡を取りのぞいて、形而上的な絆を消滅させてしまう。西欧ならば、魂と身体、原因と結果、動力と機械、演出する人と演じる人、「運命」と人間、神と被造物などのあいだに打ち立てずにはいられない形而上的な絆を。人形遣いは隠れていないのだから、なぜ、いかにして、人形遣いを神に仕立てあげようなどと思うだろうか。文楽においては、あやつり人形はいかなる糸によっても留められていない。糸は存在せず、それゆえ隠喩もなく、「運命」もない。人形はもはや、人間のものまねをするのではない。人間はもはや、神の手中のあやつり人形なのではない。内部はもはや、外部に指図するのではない。

――『記号の国』石川美子訳

見えない内部と見える外部、つまりは魂と身体、あるいは動かすものと動かされるもの、そういう対概念から組み立てられた《形而上学》からかけ離れた場所で文楽は構成されている。バルトはそう考えた。

歌舞伎についてもバルトは書いている。女形、それは女性を「装う」のでも「まねる」のでもなく、ただ女性を「意味している」だけだ、と。それは女性の「自然な本質」を、あるいはまた「規範の洗練やその正確さ」を、模倣したり剽窃したりしようとするものではなく、「女性的な現実すべてをシニフィアンの微妙な回折のなかに吸収して消し去ってしまうという効果をもたらしている」、と。文楽と同様、そこで求められているのは、「身体の模倣」ではなく、「身体の感覚的な抽象化」である。言ってみれば、そこでは動作を旋律で「区切る」ことにしか関心が払われない。「西欧の女装男優はひとりの女性であろいない」。

うとしているが、東洋の女形は「女性」の記号を組み合わせてゆくこと以外に何も求めて

皮膜

ひとを〈しるし〉の組み合わせとしてとらえるというのはどういうことなのか。動作を旋律で「区切る」ことで表わされるものとは。

魂と身体とがたがいを染めあうところに「ひと」が生まれるという、バルトがそこから離れることをこそもとめた考え方は、皮膚にこだわる。見えない〈わたし〉の見える皮膚、〈わたし〉の内と外を区切るものとしての皮膚である。

身体の内と外の境は、ふつう皮膚という界面によってたがいに限られるフィジカルな区分のようにおもわれているが、内と外の境はむしろ「秩序」の感覚により深くかかわるものであろう。内と外の境は、皮膚ではなく孔《あな》により深くかかわるものであることからも、それはうかがえる。じっさい、「秩序」の感覚は身体にうがたれた孔に的をしぼっている。口や鼻孔を出入りするもの、肛門を出入りするもの。出入りする物そのものというより、そのような状態に孔があることがきびしく検閲される。涎《よだれ》が垂れていないか、洟《はな》を垂らしたり啜《すす》ったりしていないか、便が漏れていないか、垂れ流していないか……。これらの事

態は内と外とを区分けているその「秩序」を乱すからだ。とはいえ、内と外のこの曖昧さに拘泥するのは成人だけである。「秩序」の外にまだ半分つながっている幼児は、泥んこが好きだし、洟が出てても気にならないし、おむつにたっぷり溜まったうんこはときに濃密でひそやかな快感を引きずりだしもする。「きたない」というのは、「秩序」の側にある感覚なのである。「きたない」という感覚を生成させるのは、内と外の境界を曖昧にしないという、人びとのより古い共通了解なのであり、その意味で、「きたない」というのは、生理的な感覚というよりも規範的な感覚なのである。

そのあおりを受けてのことだろう、皮膚もまた身体をそっくり包む膜か袋のようなものとしてとらえられる。〈わたし〉をすきまなく包み込む膜としての、袋としての、そして身体が外部と接触する界面としての皮膚。

が、〈わたし〉はそのように、皮膜というスクリーン越しに世界にふれているわけではない。逆にまた、〈わたし〉は苦境にあって皮膚の内部に立てこもれるわけでもない。〈わたし〉は世界にじかに（immediately = 媒体《ミーディア》をはさまずに）晒されている。（わたしを）攻撃してくるもの、怯えさせるもの、うっとりさせるもの、押しひしがせるもの、悲しませるもの……。世界にふれてわたしはぶるぶる震える。ひりひり疼《うず》く。内に引きこもるばあいにも、わたしは皮膚よりはるかに固くて厚い防塞を必要とする。

わたしたちの存在が世界に放散している状態から、それに向かって構える状態へと移行しようとするとき、そこに「秩序」が喚《よ》びもとめられる。以後、わたしたちは構える。つまり内を外から護る防壁を造りあげる。そこで内から外をうかがいながら、身を閉じたり開いたりする、とそう考える。けれども、この構えは身体の態勢のことではない。たとえば獲物を狙うばあいも、わたしたちはひそかに眼球の裏側からスクリーンに映る獲物を視覚的に追っているのではない。四肢はいまにも摑みかからんばかりに震えており、眼は獲物のその場所にあって、瞬間遅れで、あるいは次の瞬間を読み、獲物を追い越すようにして疾走している。あるいは、だれかに肌をふれられるばあい。肌で突然起こる感触に皮膚の内部の〈わたし〉が一瞬緊張する、あるいは怯える、あるいは好意をもって受けとめるというわけではないだろう。ふれられるやいなや、〈わたし〉がびくっとするのであり、〈わたし〉が侵されたとおもうのであり、〈わたし〉のなかに他者が入ってきたと感じるのである。〈わたし〉はいつも皮膜なんぞをないかのごとくかんたんに跨《また》ぎ越して、世界にふれている。〈わたし〉のふるまいはたえず世界と噛みあわされている。皮膚をとおして、皮膚越しに、世界にふれているわけではないのである。

ならば、いっそのこと、こう考えたらどうだろうか。「身体こそが魂なのであって、魂という容れ物のなかを〈わたし〉が出入りする」、と。これ、臨床心理士である知人の提案なのだが、なかなかにそそられるアイディアではあるとおもう。が、そうすると魂という容れ物のなかを出入りする〈わたし〉はいったいどこにあることになるのだろう。それは見えるのか見えないのか……。こう考えたとしても、わたしたちは〈しるし〉という契機へとたどりついたこれまでの議論をもういちど反復するほかないだろう。

〈しるし〉の交換

ひとの存在を皮膚のなかに閉じこめるもの、あるいは（皮膚をも記号による外科手術を施された表面へと還元してしまう、現代のように高度にモード化された社会では）ひとを皮膚という表面にしかとどまりえない存在に変えてしまうもの、そのようなまなざしとはむしろ対極にあって、それでも「表《おもて》」というあり方にひとの存在を集約しようとするまなざしがある。

バルトとおなじく文楽の佇まいから「面《おもて》」をめぐる随想を引きだした作家に、ひとのかたちとしての「かげ」（人影）について繊細な分析を施した谷崎潤一郎がいる。その著『陰翳礼讃』のなかで谷崎は、文楽の芝居で女の人形が顔と手の先しか現わさず、胴や足の先はたっぷりとした衣裳の裡に包まれていることに注目し、こう推理している。往時の中流階級以上の女性は「大概はあの暗い家屋敷の一と間に垂れ籠めて、昼も夜も、たゞ闇の中に五体を埋めつゝ、その顔だけで存在を示してゐたと云へる」とし、そのばあいに「衣裳と云ふものは闇の一部分、闇と顔とのつながりに過ぎなかつた」のであって、その意味では「おはぐろ」などの化粧も「顔以外の空隙へ悉く闇を詰めてしまはうとして、口腔へ迄暗黒を啣ませた」ものではないかというのである。ここでおはぐろは、口腔のなかに深い奥行きをつくりだすためになされるというよりも、むしろ逆に、白粉で覆われた蒼白い薄膜の面として顔を闇のなかからおぼろげに浮き上がらせるためになされたと考えたほうがいい。女性の紅い唇を青黒く塗りつぶし、それに螺鈿《らでん》をちりばめ、「豊艶な顔から一切の血の気を奪つた」化粧ともあわせ、「私は、蘭燈のゆらめく蔭で若い女があの鬼火のやうな青い唇の間からとき〴〵黒漆色の歯を光らせてほゝ笑んでゐるさまを思ふと、それ以上の白い顔を考へることが出来ない」と、谷崎は続けている。

バルトが文楽に見た〈しるし〉としてのふるまい、谷崎が文楽に見た〈しるし〉としての顔。これらはともに身体のなかにある〈わたし〉、身体としてある〈わたし〉という観念から切れている。いや、〈わたし〉という観念そのものからも切れている。〈人格〉概念の論理的原初性という事態をめぐるP・F・ストローソンの分析をここで思い起こすまでもなく、〈ひと〉はおそらく〈わたし〉よりも古い。たがいがたがいに〈わたし〉として自己を他から区切るまえに、ひとは〈ひと〉としてその存在を交叉させあっている。ひとが〈ひと〉としてそのような〈しるし〉を交換しあうなかで、わたしたちはいったい何を見あっているのだろうか。何をふれあわせているのだろうか。

〈ひと〉はいる。「おる」とは言っても「ある」とはいまは言わない。「いる」と「ある」の違いについて、いのちのあるものには「いる」を、いのちのないものには「ある」を当てるという解釈がある。蠅や油虫のように小さくて不快な存在でも「いる」、お金や名誉のようにあらまほしきものであっても「ある」、というわけだ。けれども、これとは別に、「ある」はただあるだけだが、「いる」には「去りうる」ことが含まれているという解釈がある。消えてなくなるかもしれないという微《かす》かな予感が「いる」には籠もっているというのだ。もうすこし正確にいえば、「「アル」が「ものごとの出現・存在」についての「認識」によって限定されるのに対して、「イル」はウチを設立してそこに居場所を設定する能動的な行為を言い表している」というのである（木村敏『偶然性の精神病理』）。ここで「居場所」というのは、居住ないしは逗留の場所のことである。つまり、一定の拡がりをもった物体として占める空間ではなく、〈ひと〉として居座る場所。

　そのように考えるなら、「身体こそが魂なのであって、魂という容れ物のなかを〈わたし〉が出入りする」というあの知人のアイディアも、別の意味を帯びてくる。〈しるし〉が立ち上がり、佇むその場所、そこに〈ひと〉としてのわたしが去来するというふうに考えるならば。では「こころ」と「わたし」との関係は、ということに次はなるのだが、これについてはのちに論じることにして、ここではその議論への予感を込めて、『恋愛のディスクール・断章』（三好郁朗訳）から、「こころ」（cœur）にふれたバルトの言葉を引いておきたい。

こころは膨張したり衰えたりする、性器と同じように。

こころは贈与の対象になりうる——それと認めてもらえなかったり、拒絶されたりすることはあっても。

こころとは、わたしの手元に残ってしまったもの、なのだ。そして、わたしのこころに残されたままのこのこころは、重く悲しい。引き潮の思いに満たされて重い（恋する者と子供だけが重いこころをもつのだ）。

〈たましい〉の流動

〈しるし〉が立ち上がり、佇むその場所、そこに〈ひと〉としてのわたしが去来すると考えるならば……と、先に書いた。

それを引きつぐかたちで述べるならば、その思想にふれて、わたしがかつてかかりっきりになっていた哲学の心身関係論がとたんに色褪せて見えるようになった、「魂」についてのある書き物がある。ミッシェル・セール『五感——混合体の哲学』のなかの「入墨」について書かれた部分である。わたしにとってあまりにも意表をつく発想だったので、これまでも何度かじぶんの文章のなかに引いたことがある。ここでもういちど引くことがゆるされるならば——

意識はしばしば感覚のひだのなかに身を潜めている。重ねられた唇と唇の間、舌を押しつけたときの口蓋、噛み合わせた歯と歯の間、閉じられた瞼、収縮した括約筋、拳をにぎりしめたときの手、押しつけ合った指、組み合わされた腿と腿の間、一方の足の上に置かれた足といった場合がそれである。(中略)皮膚の組織は自らの上に折り畳まれているのだと思う。皮膚は己自身の上に意識をもっており、また粘膜も自分自身の上に意識をもっている。折り畳まれたひだもなく、自分自身の上に触ることもないならば、真の内的感覚も、固有の肉体もないだろうし、体感《セネステジー》も感じなくなり、真の意味での身体図式もなくなり、静止したような失神状態のなかで意識もなく生きることとなろう。

――米山親能訳

皮膚がみずからへと折り畳まれるところ、そこに「魂」が誕生する。皮膚が自己接触の細かな網の目を増殖させ、そこに誕生した「魂」がとりどりの方向に移動し、跳びはね、たがいに交叉したり重なりあったりすることで、身体は多様な「魂」の交響体となってゆく。身体のあらゆる場所をめぐり、移ろうこの「魂」は、ときに濃密で緻密な区域、ときに急流のようにほとばしり渦を巻く場所、ときに夜の砂漠のような漠とした通路といったかたちで、身体のあちこちに不安定に散在している。先に引いたロラン・バルトの言葉をここで思い出せば、そしてバルトのいう「こころ」をここでいう「魂」に置き換えるならば、「魂は膨張したり衰えたりする、性器と同じように」。このとき、たとえば「唇は自分自身に接触しているので魂を生みだすのだが、その魂を手に伝える術を心得ており、手はこぶしをにぎりしめることによって自分のかすかな魂を形づくり、すでに魂をそなえている唇に自分の魂をそっと移し与えることができる」。それらの液状化した身体表面を線でなぞり色で塗り分けたのが入墨だと、セールは言うのだ。

これにしたがえば、わたしたちが先に〈しるし〉と名づけたあの身体の挙措は、同時にわたしたちの皮膚の上でこのような「魂」の増殖を、移動を、そしてそれらの交叉を引き起こしていることになる。このように考えれば、「身体こそが魂なのであって、魂という容れ物のなかを〈わたし〉が出入りする」というあの知人のアイディアは、よりいっそうリアルなイメージをたぐりよせたことになる。

わたしの皮膚の上を流動するこうした「魂」は、しかし、はたしてわたしの皮膚という、閉じたアリーナを駆けめぐっているだけなのだろうか。わたしたちがセールのように入墨のモチーフでとらえることをしなかったのは、こうした「魂」の流動をわたしの身体の上にではなく、むしろ複数の身体のそれぞれの運動が交叉するところに見いだそうとしたからである。〈しるし〉とは、そのように複数の身体が交叉するところで、言ってみれば《他者への欲望》のある手がかりとして浮上してくるもののようにおもわれるのだ。

欲望の宛先

村上龍の『ラブ&ポップ』のなかに、高校生の裕美がはじめての「援助交際」で後味のわるい経験をしたあと、借りていたケータイを返すために三十代のわりには老けた男と喫茶店で話す場面がある。

若い頃ウリセンをやっていたというその男、コバヤシの話――

「うん、そうやって、客に選ばれている時のドキドキする感じ、それとね、ピンポーンって鳴った時の、どんなやつだろうってゾクゾクする感じね、もちろんお金のためなんだけどさ、他人の欲望が自分に向けられる瞬間と、そういう、欲望を持った他人と出会う時っていうのが、スリリングなのね、それに比べると、出会っちゃって、ベッドで何か始まるとそりゃ気持ちいいけどもうパターンだからね、でもこういうことわかるのってずっと後になってなんだよね、若い時はわかんない、他人と出会うってスリルがあるの、特にセックスが絡むとね、（中略）みんな自分に価値があると思いたい、で、セックスは手っとり早い、だから他人の欲望が自分に向くとドキドキする、だってとりあえず自分には価値があるってことだからねメスかオスとしてさ、そういう他人と、出会う時、テレクラで話して、待ち合わせて、どんな人なんだろうって、実際に会う、その寸前、それが一番ゾクゾクする、会っちゃうと、すぐに現実になっちゃうけど、会う直前って究極の可能性でしょ？」

裕美には「コバヤシの話は理解できない部分もあったけど、からだのどこかに染み込んでくる感じ」があった。ただ「他人と出会うというニュアンスはわからない。それは難しいことなのだろうか。そして、それほど大切なのだろうか」とおもう。そして、直前までラブホテルでいっしょにいた男・キャプテンEOが帰り際に吐いた台詞のことを、コバヤシにそれとなく訊いてみる、「他のことは一切伏せて、あの台詞についてだけ」。

お前がそうやって裸でいる時に誰かが死ぬほど悲しい思いをしてるんだ。それ言ったの優しい人だね、とコバヤシは言った。

「だって、それ、お前には価値があるってことよ、安売りするなってことよ、裸っていうか、その人の存在がね、誰かにとってすごい価値があるから、その誰かは死ぬほど悲しむわけでしょ?」

ここでいう「価値」とは大事なもののことである。もうすこし正確にいうと、だれかによって大事にされるもののことである。わたしの眼を釘付けにするもの、それは、わたし自身はその意味を測りかねるにしてもそれでも大事なものである。まるで愛《いと》おしむかのようにして、あるいはねだるかのようにして、わたしがそっとそのシルエットをなぞるもの、それは大事なものである。壊れてしまわないか、破裂してしまわないかと怖れながら、そっと安らかに眠らせてあげたいとおもうもの、それも大事なものである。痛みを遠ざけるために、あいだにじぶんが割って入ろうとするもの、それも大事なものである。放っておけば消えてしまうので、血流が滞らないようにただ祈るようにさすりつづけるもの、それも大事なものである。じぶんがばっさり切り棄てられても、それでも退ききれずに渇き、喘《あえ》ぎつづけるもの、これも大事なものである。水を絶やしてはいないかと路傍の草花にふと落とされた眼、あるいはジョージ・オーウェルのエッセイに出てくる死刑囚、絞首台に連れていかれるその途中、水たまりをひょいとよけて前に進むその姿にも、何かを「大事におもう」その心根が映っている。「こころは贈与の対象になりうる——それと認めてもらえなかったり、拒絶されたりすることはあっても」と、バルトが書きつけていたように。

〈無〉を包む衣のように

眼の前の〈しるし〉に感応しながら、ときに共振し、ときに撥ねつけられながら、わたしはいったい何に惹きつけられ、吸いよせられているのだろうか。「こころ」がわたしが大事にするものであるとして、どうしても護らないといけないとおもうものであるとして、この「こころ」はいったい何に帰属するのだろうか。「あなた」なのだろうか。「あなた」が引きずっているものだろうか。ひょっとして、「あなた」も知らない「あなた」なのだろうか。それとも、「こころ」がだれかに帰属すると考えることじたいがまちがっているのだろうか。

あるいは、こう問うてもよい。大事なものとは、大事にするひとによっても、大事にされるひとによっても、まだ知られていないものなのではないか、と。理由は不明なまま、ひたすら大事にすることによってそれは生まれるのではないか、と。

唐突なようだが、ここで衣服というものの存在を引き合いに出して考えつづけたい。「衣服はさまざまの夢や悪夢を生みだしながら、多少なりとも原始的でかつ精巧な形だけでなく、解釈するすべのないひとには形のないような形をも切り抜く」と、E・ルモワーヌ＝ルッチオーニは、衣服を無意識になぞらえながら言う。さらに引けば、「切断以前には何も存在しない。切断の後、それによって一個の形、一本の線が生まれ、それらと同化しようのない残余が生まれる」、と。

残余、それは衣服が包み込もうとしているもののことである。そう、身体である。が、衣服をまとう者にとって、身体とは〈無〉である。自己の身体とはわたしがその全体をじかに見たり触れたりできないものだからである。身体はそれであるわたしにとって、〈像《イメージ》〉として想像的に手に入れるしかないものである。ひとが衣服をまとうのは、衣服によって包まれるはずのものをわたしが所有していないからである。「衣服がもし前置き＝口実（prétexte）であるとするならば、それはおそらく、不在の本文（texte）のそれとしてである」と言うルモワーヌ＝ルッチオーニは、ここで、〈無〉を包む衣として衣服をとらえている。衣服は、何かを包む形をなすことで、そのなかに中身が入っていると信じ込ませるものである。

ひとの〈しるし〉にもおそらくはおなじことが言える。身ぶりやふるまいとして「切り抜かれた」ものが、「不在の本文」を指し示す意味記号となる。そこに「それらと同化しようのない残余」が生まれる。「あなたのこころ」であり、そしてそれを鏡とする「わたしのこころ」である。が、「わたしのこころ」と名指されるその〈像〉の内部にはじつは何もない。けれども、ここが重要なのだが、この「わたしのこころ」をまなざす視線はたしかに存在する。

像の内部には何もない。主体の内部にも自分がだれであるかを主体に教えてくれるものは何もない。彼の母親の視線か微笑みが、何らかの方法で「ほらおまえだよ」と語ってやらなければならないのだ。そうでなければ子供には何も見えない。なぜなら、見なければならないものは何ひとつない、つまり対象がないからである。あるのは子供を包み込む母親の視線だけなのだ。その時子供は見る、そして自分を見る。しかし彼には自分が何かを見ているということが分からない。

——ルモワーヌ＝ルッチオーニ『衣服の精神分析』鷲田清一・柏木治訳

わたしの「こころ」はわたしには見えない。それは、わたしの名前がそうであったように、他者から贈られるものなのだ。「大事にする」ことが「こころ」を生むと先に言ったのもそういうことなのである。他者に大事にされることでかろうじて繕われる「わたしのこころ」、それはわたしには、いつかだれかによって大事にされたはずのものとしてしか感受できないものなのである。バルトの第三の文章がこのことを証言している。――「こころとは、わたしの手元に残ってしまったもの、なのだ。そして、わたしのこころに残されたままのこのこころは、重く悲しい。引き潮の思いに満たされて重い」。

3 親しみ　家族という磁場

巣の密度

鳥が巣に帰るようにだれもが毎日、「家」を出て「家」に帰る。巣は、雌にとっては抱卵と養育の場所であり、雛《ひな》にとってはひきこもる場所、身をひそめ、隠れ、しどけなくくつろげる場所であり、さらにいいかえれば、怯えずに無警戒でいられる空間、つまりは避難所である。

〈家族〉という集住の形態は、それを一括りにして論じることがためらわれるくらいに多様な形態があったにせよ、人類の歴史のなかではきわめて普遍的な事象であると、たぶん考えてよいだろう。そしてその集合の多くは、係累、さらには使用人なども含んだ集団性の高いものであった。これに対して都市化が高度化した現代では、核家族というミニマムの家族形態が標準的になってきている。このように、「家」という内部空間が社会の網目の一つとして整形されているからには、家族の内密性もまた「社会」というものからの深い侵蝕を受けている。「わたしの家族」も、時代と社会のなかで編制されたものなのだ。そのことを建築家の山本理顕は、もう少しきびしい口調でこう書いている——

〔家族という〕この小さな単位にあらゆる負担がかかるように、今の社会のシステムはできているように思う。今の社会のシステムというのは、家族という最小単位が自明であるという前提でき上がっている。そして、この最小単位にあらゆる負担がかかるように、つまり、社会の側のシステムを補強するように、さらに言えばもしシステムに不備があったとしたら、この不備をこの最小単位のところで調整するようにできている。

——「細胞都市」

その最小単位じたいが、いま密度を下げている。独特の密度を可能にする閉じた関係を内蔵しにくくなっている。塗り固められた燕《つばめ》の巣のように、内部を密封する鉄の扉によって、かろうじてイメージとして維持されているだけの内部を外部からがちっと遮断しているだけだとしか言いえないような家族も増えている。この防波堤が外されれば、イメージとしてかろうじて維持されている家族の形態もすぐにでもばらけてしまいそうなくらいに。

〈家族〉の両義性

家族を問題として設定するのはなかなかにむずかしい。それは一義的な組織、透明な場所ではないからだ。いいかえると、家族はさまざまな矛盾が凝集する場所であり、さまざまな対立項で構成されている場所であり、呪いと憧れとが錯綜する場所であるからだ。

まず、家族は〈自然〉と〈制度〉の接点であり、交点である。それは、いのちの生産と再生産、つまり生殖と食と保育をコアとする、まさに人間の自然に深く根づいた関係である。ここで家族の成員はその身体空間をたがいに深く交わらせる。が、それと同時に家族は、「家」の意識や養子縁組にみられるように、社会という擬制的な制度が紡ぎだされるその原点ともなるものだ。

家族はまた、外部の権力から身内を護る防壁であると同時に、それじたいが権力の雛形である。権力の雛形であるというのは、一家の主とその被扶養者という権力関係（命令と服従の関係）を生みだす社会の最小単位であるということである。別の言い方をすると、家族は、民を管理する国家組織の最小単位（社会への登録の最小単位）であると同時に、そうした権力への民の抵抗の拠点ともなりうる場所である。

第三に、家族は、深い信頼感で結ばれた親密な「われわれ」（一、二人称の関係）が維持される場所であると同時に、競合する他者との関係（三人称の関係）が発生する最初の場所でもある。じっさい、家族は身を寄せあう内密な場所であるのみならず、「兄弟は他人のはじまり」といわれるように、たがいに他者であるということが至近距離で思い知らされる場でもある。

最後に、ケアという視点からみれば、見返りを求めることなくたがいの世話をしあうという家族成員の関係は、一方が他方の世話をしながら見返りはもとめないという点で、互酬性のない関係である。それは献身の関係であるといえるが、それを裏返せば一方が他方をひたすら搾取する関係であるともいえる。つまり家族は、果てしない競合とその調停の手段としての契約でもって成り立つわたしたちの社会において、そこからの避難所として機能するが、一つまちがえば、高齢者介護の悲惨さにしばしば見られるように、徹底した搾取の場所ともなりかねないものだ。家族のためには労を惜しまない、犠牲になることも厭《いと》わない、ひたすら尽くす、どんな事態になってもつねに味方でいる……というような関係が、たしかに〈家族〉という信頼の環をかたちづくってはいる。けれどもそれが搾取の環に裏返る可能性をつねにもっているということを頭に入れておくことも必要だ。

このように家族は、人間関係の対立する二つの契機が和解不能なかたちで交差し、共存している、矛盾に満ちた場所としてある。

共存における約束

性交、受精、出産、保育といった生きものとしてもっとも基本的ないとなみをなす、家族というこの持続的な装置は、人類史のなかでもきわめて多様な形態を採ってきた。近代という時代は、家事というかたちで家族のメンバー（とくに女性）に負わされてきた家族の機能を、家庭外のサーヴィス機関に委託する傾向を推しすすめた。調理、排泄物処理、洗濯から医療、保育、冠婚葬祭、看病、介護まで、メンバーの生命機能にじかにかかわる世話を、金銭をもって外部の専門職に委ねるようになった。これによって家族は、〈家庭〉という、文字どおり身体空間をたがいに深く交わらせるような、私的な愛情と親密さの場所に変わったのである。が、そういう観念によって支えられる家族というものが、いかに脆いもの、壊れやすいものであるかは、戦後社会を生きてきたわたしたちにとっては、身に沁みた痛い事実である。じっさい、家族が「愛」を絆に結ばれていると信じている夫婦はいないし、子どもだってそんなことは信じていない。なぜおなじ屋根の下にいるのか、なぜここにいつも帰って来なければならないのか、要は、わたしがここにいる理由、ここにいなければならない理由、それが不明なままである。それをわざわざ口にしないだけのことだ。

いうまでもなく、子どもは生まれてすぐに親を中心とする家族のなかで育つ。このなかで、食べること、排泄すること、眠ることをはじめ、生きものとして生きることの基本を身につけるだけでなく、他人との話し方、つきあい方、そこでの身ぶり、身ごなしなどの基本も身につけてゆく。が、その過程でかならず対立が起こる。何に関しても抑制ということが求められるからだ。食べたいときに食べられない、好き放題にやれない……。他者の望んでいることとの調整が図られるからだ。そこで子どもはむずかる。むずかれば窘《たしな》められる。叱られる。そして泣く泣く辛抱する……。

母と子のあいだのみならず、介護者と被介護者、子どもの集団のような、閉じられた場所で異なる人間がむきだしで接するとき、そこにはかならずといっていいほど確執や悲劇が起こる。だからそういう閉じられた場所では、むきだしでない関係、つまり人間関係のクッションといったものが必要になる。家族のなかで、相手を思いやる気持ちとか、礼儀やマナーやルールといったつきあいの作法とかが仕込まれるのも、そういう理由からである。ひとは生まれ落ちてしばらくして、こうした共存の習慣の基礎となるものをしつけられる。

が、そうした「しつけ」の基礎には、まずは家族への信頼と安心というものに浸れていることが前提となる。「手塩にかける」という仕方で、たっぷりと世話を受けた、ことあるごとにじぶんのことをかまってくれたという感覚がなければ、ひとは他者の命令に従おうとしない。信頼と安心の基礎、それが築かれるのは、じぶんがどういう存在であろうとじぶんがここにいるということだけで大事にされた、無条件に肯定されたという経験があってのことである。まわりの人間にことごとくこまやかに応対してもらった、手厚く世話してもらったという体験が、「しつけ」などの前提となる他者への信頼感を根づかせる。そして「存在の世話」とでもいうべきそのような経験が、自尊心の基礎となるものを育む。ここで自尊心とは、プライド（自負心）のことではなく、じぶんを粗末にしない心、かけがえのない自己というものの経験のことである。これがあってはじめて、ひとは他者の思いへの濃《こま》やかな想像力を抱きうるようになる。

「社会的動物」としての人間は、このように、その原型となるものをまずは家族のなかで経験する。そしてやがてとくに親密ではない人びととの関係のなかに出てゆく。いくつかの壁を超えながら。

ルート・メタファー

こうした経験が原型的であるのは、家族という場所において、ひとが〈いのち〉のベーシックスといったものに他者とともに深くふれるからである。それを欠いてはそもそも生きるということが成り立たないようなことがらに深くふれているからである。食べること、排泄すること、身を洗うこと、そして生まれること、病むこと、介護すること、死ぬことなどに、である。

もっともそうした〈いのち〉のベーシックスにふれる経験は、じっさいにはどんどん削除されてきている。たとえば、ひとが生まれるところ、死ぬところに立ち会ったひとはごく僅かになっている。ほとんどの妊産婦は分娩室で出産し、ほとんどの逝去者は病院のなかで看護スタッフの手で清められる。新生児も遺体もわたしたちが面会するのは、そのあと、からだを整えられ、産着《うぶぎ》もしくは死に装束を着せられたあとだ。病の治療ということもそのほとんどが病院のなかでなされ、介護も施設にお願いすることが多くなった。生老病死だけではない。調理する、排泄するという、ひとのもっとも根本的ないとなみも、食べる瞬間、排便する瞬間以外は、なんらかのシステムに依っている。生き物を殺し調理する過程はすでにある程度なされ、排便後は下水道のシステムがすべてを処理してくれる。多くのひとは食肉がどのような過程を経てこういうかたちで提供されているかについてほとんど想像力をなくしているし、他人の便を見たことがないという子どもも少なくない。そして、それを欠いては生きるということが成り立たないようなことがらが、家族生活のなかにあたりまえのように登場しはしないということになると、わたしたちの社会的な存在それじたいが危うくなる。

人類の多くがその社会生活のうちに、〈家族〉というものをもっとも根源的なメタファー（ルート・メタファー）として設定してきたのも、そうした理由によるとおもわれる。父と母と子とそのきょうだい（ときには祖父と祖母も入る）からなる家族のイメージは、じっさいの家族のみならず、たとえば「親分」「兄貴」「姉さん」というふうにやくざの組織にも転用されるし、スポーツのチームにおける「監督」「コーチ」「主将」「マネージャー」もそれぞれ、父、叔父、兄、母ないしは姉のイメージにも重ね合わされる。男子校、女子校においても、あるいは相撲部屋や宝塚歌劇団のような単一の性からなる集団においても、父親役、母親役、そして子ども役がおのずと生まれる。〈家族〉のメタファーはどんな集団にも容易に浸透してゆき、集団の構成原理としてはたらく。

家族にひとり「厄介者」がいると、かえって家族は一つにまとまりやすいということも、人類の社会関係には根深い事実としてある。ぐうたら親父でもいいし、できの悪い子でもいいし、病人でもいい。最後の例はまことに残酷な事実であるし、世話や看病にあたる者にはたまらない現実であろうが、そのひとを中心に置き、そのひとに視線を結集することで「われわれ」という結束が固まるということはある。脳外科の集中治療室における、もの言わぬ患者を取り囲むスタッフたちの異様なまでに熱気を帯びた連帯感にも、同様の力学がはたらいている。

もっとも、こうした親密な関係をどのように設置するかについては、それぞれの集団にそれぞれの工夫があった。一夫一婦制も核家族もその一つにすぎない。じっさい、現代の家族も、共同家族、週末同居、ルームシェアというふうに、多様なかたちを模索している。が、その空間はいまもってnLDK——nは家族の成員数マイナス1である。つまり主婦は個室ではなく、夫婦の寝室もしくは台所にしか居場所をあてがわれてこなかった——というふうにあまりにも画一的である。多様化した家族の実態に住宅の構造は対応していない。これは現代のような都市社会では、住宅が可処分資産になっているためと考えられる。処分を容易にするには、現代の家族モデルに標準的な造りになっている必要があるからだ。

「育てる」のではなく「勝手に育つ」場所

家族は、生き物としての子どものいのちを育むとともに、社会の成員として育てる、そういう養育の場所である。が、それは社会のルールを仕込む場所としてあるのではない。すでに見たように、しつけに先立って、親しくない他のひとたちとの契約という社会的関係が成立する前提となるべき、他者への信頼というものを育む場所として、それはある。そのなかでひとが身につけるべき共存の習慣を、子どもは、大人がわざわざ教えなくても大人を見て勝手に学ぶ。だから、大人を見て、そして大人に見守られて、子どもが「自然に育つ」ような場を、家庭のうちに、あるいは社会のうちにきちんと用意できているということ、これが「養育」のあるべきかたちである。そして、信頼の関係から契約の関係へと子どもが移行してゆく、その媒介となるのが、家族での、地域での生活である。

「見て見ぬふりをする」と「見ぬふりをして見る」というのは、おなじことのように聞こえるが、そのあいだにはじつは並々ならぬ温度差がある。乗客が他の乗客に「迷惑」をかけられているのに、「理不尽」だとおもいながらも、注意した後の展開が怖くて身動きできない。しかたなく「見て見ぬふりをする」。これは前者の、傍観を決めこむ例である。

家庭の事情で子どもが泣きじゃくりながら通りを駆け抜けるのを見、すぐにでも声をかけてやりたいところだが、その場しのぎの解決にしかならないことを知っていて、だからだれかれとなく、無茶をしないかと黙って遠目に見ている光景。見ぬふりをしてちゃんと見ているという、これは後者の例である。よほどのことがなければ口を出さない。裏を返せば、よほどのことがあればちゃんと口を出す。路地、商店街といった職住一致の生活空間にはそんな近所づきあいが、ありえた。「育てる」などといわずとも、そこにいれば子どもが「見ぬふりして見る」大人たちに囲まれて「勝手に育つ」、そのような場が。じっさい子どもたちは近所の大人たちを、「おじさん」「おばさん」と擬似家族用語で呼んでいた。

こうした周囲のまなざしはやがて子どもたちには不快なものになってゆく。この粘りつくようなまなざしがとにかく鬱陶《うっとう》しくて、子どもはそこから出てゆくことばかり夢みるようになる。が、何層もある集合住宅に一度暮らしてみて、あるときはたと気づいた。見るでもなく、見ないでもない、「見ぬふりをして見る」というグレイゾーンがここではなりたたない、と。人びとの集住のかたちが、町なかという地べたのものではなくて、ビルという立体のものになると、個々の家は鉄の扉で閉ざされ、内の気配はうかがえない。たがいに顔を合わせるのはたまたま乗り合わせたエレベーターの中でだけ、ということになる。たがいに見るか見ないかのいずれかになり、「見ぬふりをして見る」というグレイな関係が困難になる。

たがいに出自を大きく異にする人びとがたまたま同一地域に住まうことになり、マンションや公団住宅に住まうことで、各家族が内へと閉じてしまい、都市の商店街や路地のようにたがいに勝手に出入りできるような開放性が地域から消えていった。食材も全国チェーンのマーケットで購入し、気候や災害との闘いも、建物の機能改善や自治体の公的対策に依存するようになり、住民が協同で事に当たるということが少なくなった。ソーシャル・サーヴィスの恩恵を受ける（あるいは、それを買う）ことで、身近なひとの生老病死に協同して当たることが少なくなった。それにともない、子どもたちもまた地域社会で十分にもまれることもないままに、それぞれの家庭から、そして学校から、いきなり公的空間へ、つまりは社会に出る……。いきなり本番、というわけだ。

家族に代わるもの？

世の中全体が貧しいときには、家族という単位が「防貧」の最後の単位であった。個人の困窮は家族が吸収した。そのかわり、個人の消費は家族への懇願とその了解とを必要とした。高度成長期にあっても、個人の消費はまだ家族の了解を必要としていた。子どもは親の説諭をしのぐだけの理屈をこねなければならなかった。劇作家の平田オリザは、幼少のころ、何か欲しいものがあるときには、まず原稿用紙に「嘆願書」を書いて親に提出することを求められたという。そしてこれが、いまの劇作にも活きている、と。

個人と社会とのあいだにあるこうした家族という中間地帯が、高度消費社会になって急速に力を失いだした。個人が家族を通り越して、消費の主体としてせり出してきたからである。これとともに個人は、家族というクッションを通さずに、剝きだしで、ときには匿名のままに接触するようになった。「ネット社会」というのがその象徴である。それは当然、疲労をともなう。疲労を超えて、惨劇も起こりやすくなる。「家族の惨劇」とは別の惨劇が、路上で、あるいはマンションの一室で起こるようになる。ひとの困窮もまた、「ネット社会」では孤立する一方なのである。

みなが貧しかった時代には、家族や地域に、柳田國男のいう「共同防貧」のしくみがあった。その家族や地域の閾《いき》が鬱陶しくて、それを経由しないで他者とじかに接触するというのは、それによって生じる傷もまたじぶんで引き受けなければならないということだ。それが「自己責任」の論理である。この傷を家族が吸収しないとすれば、救済装置はどこにあるか。その一つがたとえば金融ローンであろう。が、これは市場の論理で動く。つまり契約の論理であって、ケアの論理ではない。「忍びない」という思いも、「サポート」という視点もそこにはない。それゆえに「ネット社会」では、家族に代わるクッションが必要となる。とはいえ、ここにも家族と同様のむずかしさがきっと現われるだろうとの予感は、やはり禁じえない。

葛藤ということの大切さ

《一人のひとの面倒を別の一人がそっくりみるようには、人間はできていない》——養育ということを考えるときの基本はここにあろう。しかし、右に述べたようにコミュニティの力が殺がれているなかで、養育は、その負担が全面的に母子関係にのしかかるようになっている。そうなると養育は、楽しみというより苦痛でしかなくなってしまう。じっさい、母親の不安と焦りから虐待が起こってしまうのは、多くのひとが知るところだ。そのためには、母親を孤立させないための仕組み、そして女性が職業と育児を安心して両立させうるような仕組みが、その周辺にさまざまなかたちで完備されている必要がある。子どもはみなで育てるものだということが、考え方としてではなく仕組みとして整備されていることがなければ、養育は成り立たない。

少子化が進むなかで、地域社会の養育力が殺がれてゆくなかで、母親ひとりに養育の責任がかかるようになり、思いどおりにならないと焦って、子どもについ過剰な干渉をし、過剰な期待を押しつけるようになる。こんなふうな人間になってもらいたい、そのためにこのような学校に行ってほしい、そのためにはこのようなお稽古ごとや習い事をしておく必要がある……というふうに、子どもをまるで作品のように育てようとする。そして子どもがそのような軌道から少しでも外れかけると、すぐに修復に向かう。子どもが予定された軌道を外しはしないかと、とてもナーヴァスになっている。

それだけではない。視線のすべてが子どもに注がれる。しかも両親の視線が結束して。ときには教師のそれとも結束する。一つのまなざしで見つめられると、それに従うか拒絶するかの二者択一しかなくなる。オール・オア・ナッシングの対応しかできなくなる。大家族の場合ならそうはならない。両親が結託して子どもを叱っているときに、祖父や祖母が、あるいは叔父や叔母が、両親を茶化しにかかる。別の考え方を提示したりもする。もともとは出自を異にする他人どうしの結合によって生まれる家族とは、葛藤の場であって当然なのだ。そこで、対立する価値観、対立する考え方のあいだでもまれ、翻弄されるなかで、子どもはたくましくなってゆく。この葛藤の不在こそが、いまの家族のいちばんの問題なのではないかとおもう。

これに豊かさという幻想が重なる。知人がこう語っていた――「かつての貧しい社会では、子どもが、ほしいものを無理して買ってもらおうとおねだりしたとき、母親が「それだけあれば二、三日みんなが食べられますよ」と言ってたしなめると、子どもは黙って従ったものです。じぶんの欲求を押しつぶすような、向こうにある大きな限界が透けて見えたからです。社会が豊かになると、なんでも望めば手に入るようになって、向こうにある人間としての限界が見えにくくなる。すると子どもは、「なぜ買ってくれないのか」と納得がいかなくなる。で、「じぶんの親は愛情が薄い」と不平を言ったり、悲しんだりする……」。

こういう意味でも、家族とは葛藤のるつぼである。しかもそこから降りることを許さない関係である。よほどのことがなければ解消できない関係である。そういうのっぴきならない場所で、子どもは人間関係の葛藤の原型となるものを経験する。どちらが正しいかという行儀のよい判断のことではない。いまこの状況のなかでどちらについておいたほうがうまくその場を凌《しの》げるか、あるいはこの先楽か、といった知恵を、子どもは身につけるのだ。こうした葛藤が起こらないようにばかり腐心してきたのが、いまの「優しい」家族、「親密な」家族なのである。しかし、いきなり「友人」という社会的関係へと晒されてもうまくゆくはずがない。この葛藤のなかで子どもはじぶんの存在の輪郭を少しずつ固めてゆくからだ。いきなり社会に晒されれば、その不確かな輪郭もすぐに崩れてしまう。そして、社会のなかで特定の役割を演じるかわりに、じぶんの存在をそのままで承認してくれる特定の他者を必死で探し求めることになる。〈わたし〉という存在は他者の意識の宛て先となっているというかたちで、もっともくっきり見えてくるものだからだ。こうして私的な、あるいは親密な個人的関係というものに、ひとはそれぞれの〈わたし〉を賭けることになる。近代の都市生活とは、個人にとっては、社会的なもののリアリティがますます親密なものの圏内に縮められてゆく、そういう過程でもある。いまの時代、子どもたちにとって「友だち」との関係が法外に大きな意味をもつようになっているのもそのためだろう。だれかとの関係のなかで傷つく痛みのほうが、身体のフィジカルな痛みよりも、よほどリアルだという、そういう〈魂〉の光景が、そこに映しだされている……。

傷としての〈わたし〉

家族というかたちでしかありえないか否かは別として、人間にとって他者との親密な関係というものは、その存在のいってみれば根拠にかかわるような意味をもつ。とくに、子どもという、依存性の高い存在者にとって、家族という親密な他者が恒常的に傍らにいることには大きな意味がある。子どもは、ただ生まれてそこにいるというだけで、なんの条件もつけずに世話をされる。食べさせてもらい、からだを洗われ、寝つかせてもらい、移動させてもらい、排泄の世話もしてもらえた。その証拠としていまじぶんがここにいるということがある。「存在の世話」とでもいうべきものを享《う》けるこうした経験が、じぶんを粗末にしないという「自尊心」の基礎となるものを育むのであり、成長していかにひどい裏切りにあっても、人間に対する最後の信頼をひとがすぐには失わない理由になっているにちがいない。

ディディエ・アンジューの『皮膚－自我』（一九八五年、福田素子訳）のなかに、こんな記述がある。

エスキモーの赤ん坊は裸の腹を母親の背中に密着させるようにしておぶわれ、母親の毛皮の服につつみこまれるようにひもでしっかりとくくりつけられる。母と子は皮膚の接触によって会話をかわすのである。空腹を覚えると赤ん坊は母親の背中をひっかき、皮膚に吸いつく。母親は赤ん坊を前にまわして乳房をふくませる。赤ん坊の動きたい欲求はこの母親の行動によって満足させられる。尿や便の排泄は母親の背におぶわれたまま行われる。母親は自分というより子供に不快感を与えないため、排泄物を取り去ってきれいにする。肌の接触から子供の欲求を察知し、先回りしてすべての欲求をみたしてやるのである。赤ん坊はめったに泣かない。母親は子供の顔と手の汚れをなめとってやる。凍った水を温めてとかすのは高くつくからである。

この記述にふれて、深い充足を思わないでいるのはむずかしい。毛皮の服がここではふたりの共通の被膜となっている。そのなかで母子の皮膚はたえず密着している。子どもは生まれ、泣いてすぐに、もう一つの母胎に大事にくるまれる。

この子どもが個体となるためには、もういちど泣かねばならない。それは、この共通の被膜が裂かれ、密着していた母親の皮膚から子どもの皮膚が剝がされるときである。個体は分離から生まれる。分離は皮膚の引き剝がしとして感受される。個体は二度号泣しないと生まれない。ひとが人生の行路でなにか行きづまるたびに、生まれてこなかったほうがよかった、ないほうがあるよりいい、と思わざるをえないのは、どこか存在を分離としてしか描けないところがあるからだろう。

引き剝がしの経験は、多くのばあい、次子の誕生によってより強くうながされるだろう。きょうだいの存在はたぶん憎しみからはじまるのだろう。〈家族〉という存在には、憎しみという感情が深く挿し込まれている。棘のように、執拗に。

物を物として見つめる、このあたりまえの経験の成立にもまた、母からの引き剝がしの体験が刻みつけられている。物を物として見る経験は、母親の視線がじぶんから第三の物のほうへ逸れる、その視線を追ってゆくなかで始まる。とすれば、母親の視線を追うのではなく、まなざされなくとも存在する物にみずから目を向けるときには、母親はもういない。物を見つめるだれのまなざしにもどこか寂しげなところがあるのは、その視線が単独のものであるからかもしれない。そうだとすると、物がわたしとは無関係なものとしてただそこにあるということ、その事実が、わたしが取り残された存在なのだという疼きを強いてくるとも言えよう。

〈わたし〉は一つの損傷として、あるいはダメージとして生まれた。まったき〈わたし〉が損傷を受けたということではない。存在のダメージとして〈わたし〉は生まれたということだ。

「個体の判断機能はまず「それを取り入れるべきか吐き出すべきか」（有益か有害か）を判断すること（属性判断）に向けられ、それが在るか無いか（存在判断）は後回しにされる」とフロイトは考えたと、ある精神分析学者が書いているが、取り入れるべきか吐き出すべきかのその境界を皮膚として了解するとしたら、わたしが密着する世界は〈わたし〉へと収縮することになる。〈わたし〉と物とが分離するというのはそういうことだ。統合失調症の小児は、塊としてのじぶんが裂け、身体が孔だらけになっていると訴えることがあるといわれるが、覆いが破れ、じぶんが漏れ出ていってしまうと感じるのは、なにも病児だけの訴えではあるまい。漏れ出ていこうとする動力をつねに感じるから、ひとはそれを必死で抑えこむ。物が物としてそこにあることを感受している〈わたし〉が「むかつき」に駆られるのは、さきの精神分析学者の言い回しを借りれば、〈わたし〉はこういうかたちで「在りかけていて在りそこねている」（新宮一成『無意識の組曲』）からなのだろう。

濃密であるはずの存在は、じつは必死で密封し、繕われねばならない塊として「幻想」されるしかないものだ。だから、おのれを掻きむしることでひとはその塊としてのおのれのなかに立てこもろうとする。そういう意味では、自身の皮膚への攻撃も、「〈自我〉の境界線を維持し、無傷のまとまった存在であるとの感情を再建するための劇的な試み」（D・アンジュー）として解釈できる。もしこのように、個体の被膜を、ひりひり疼く赤剝けた皮膚が深い断念ののちに自生させた、硬くて厚くて歪《いびつ》になった被膜、つまりは瘡蓋《かさぶた》のようなものだとすれば、これがもういちど剝けて、ひとは個体になる。剝けては瘡蓋をつくり、剝けては瘡蓋をつくる。衣服という着脱可能な被膜を人間が考えだしたのも、こういう経緯のなかでかもしれない。

記憶と幻想

ひとは人生の行路において、くりかえしおのれの出自への問いに立ち戻る。とくに幼いあいだ、幾度も貰い子幻想に取り憑かれる。じぶんはいったいだれの子か、と。じぶんは男か女かという性のアイデンティティの問題と並んで、この問題はひとの存在のアイデンティティの根幹をなすものである。もちろん、子として生まれたすぐ後に棄てられた、というのが親とのたった一つの関係である場合もあるだろう。道端に置き去りにされる、あるいはコインロッカーに遺棄されるというふうに。けれども、現に〈わたし〉がここにいるのは、ただ子どもが一人ここにいるというそれだけの理由でだれかから「存在の世話」を享けたからである。そしてだれかに手塩にかけてもらったその記憶があるかぎり、わたしたちは〈ひと〉への最後の信頼を失わないでいられる……。そう先にも述べた。

けれども、それはほんとうは記憶なのではない。出生後おそらく三年まで、わたしたちは他人から享けた世話についての記憶はない。ただわたしがそこにいるだけで、それだけの理由で「存在の世話」を享けたというのは、わたしがのちに紡ぎだした後づけの物語である。そうである以外にわたしがその後生き存《なが》らえることになった理由は考えられないというだけのことである。その物語がいまの〈わたし〉の存在の皮膚を縫っている。だからこの物語はときに反転して、棄てられた（そうとしか考えられない）「事実」を軸に組み立てられることもある。棄てられたという「事実」にのちのさまざまな別の記憶が折り重なって、その「事実」が妄想にまで膨らみ、それにがんじがらめになってしまうこともめずらしくない。じぶんの存在が無条件に肯定されたのか、無情に遺棄されたのか、それらはともに幻想として編まれるよりほかなかったのだ。この幻想にひとは生涯、翻弄される。おそらくは齢を重ねるにつれてより深く。それほど感謝が厚いのは、あるいは傷が深いのは、いうまでもなくそこに自己の根拠が賭けられているからだ。家族がときに憧れの最大の対象であり、それがときに執拗なまでの呪詛の対象に劇的に反転しもするのは、そういうわけである。自己の出生後のみならず、親の介護や看取りの過程においても同様のことは起こる。いずれにしても、家族は痛い場所である。

4　恋　「この人」、あるいは情調の曲折

attraction

ひとの情調が激しく屈折するのは、故郷や家族への思いのなかだけではない。恋愛において、ときにそれ以上に愛憎が激しく渦巻き、反転する。恋するひととの関係のなかに現在のわたしの存在の根拠が懸かっているからである。あるいは、賭けられているからである。家族の場合とおなじく、そこに〈わたし〉というものの存在の肯定／否定が懸かっているからである。

不思議なことだが、人びとは数知れないひとと出逢い、惹かれ、欲望をくすぐられるのだが、「愛する」のはたった一人のひとである。ひとはまるで磁石に引きつけられるように、「あの人」の形姿に、しぐさに、言葉づかいに魅了され、焦がれ、眩惑される。そして、その存在に肌を合わせていたいとおもう。それがかなわずとも、すぐそばでそのひと

を包む空気にふれていたいとおもう。じっさい、ひとを引き寄せる「魅力」(attraction)は、英語では、(たとえば月の)「引力」でもあり、重さの牽引力(重力)、磁石の牽引力(磁力)でもある。

> どうしてわたしは特定の「あの人」を欲するのか。どうしてあの人を長くせつなく求めつづけるのか。わたしが欲しているのはあの人のすべて(シルエット、スタイル、雰囲気)であるのか、それとも肉体の一部でしかないのか。そうだとしたら、愛する肉体の何が、わたしにとってフェティシュとなりうるのか。どのような部位であるのか(信じがたく小さな部分かもしれない)。どのような偶然の仕草であるのか。爪の切り方か、ほんの少し角の欠けた歯か、髪の房か、喋ったり煙草を吸ったりしているときの指の格好なのか。わたしとしては、そうしたあの人の肉体の襞のすべてに素晴しいを言いたい。素晴しいとは、つまり、これこそが唯一無二のわたしの欲望だと言うことである。
>
> ——ロラン・バルト『恋愛のディスクール・断章』三好郁朗訳

惹かれについて、欲望について語られながら、とどのつまりは「素晴しい」で終わるこの文章は、感能を全開にし、のぼせてうっとりとしているかのように見えながら、じつは、ごく閑《しず》かにいくつかの重要な問題提起をしている。恋愛の対象は「人」であるのか「フェティシュ」としての身体なのか。後者であるとしても、それは身体のある部位なのか、それともそのふるまいや形姿なのか。それらをきっかけとして、恋愛の対象がひとの欲望に火をつけるのか、あるいは逆に、ひとの欲望がひとの出逢いを恋愛という関係に編み上げ、染めてゆくのか。くわえて、肉体の「襞」という表現も気にかかる。

ともあれ、恋愛において、身体はつねにおもわせぶりな〈暗号〉として現われることはたしかなようだ。

アランは、「恋愛は一つの詩なのだ。人が作り、組み立て、望んだなにものかである」としたうえで、こう述べた。


なにものかといっても、確かに気楽なものではない、気楽なものなら、だれでもやるように、一時にのろったりあがめたりする芸当などはしないで、ただ愛らしい人を愛しているだろう。宿命観は、ここでも幅をきかせている、おそらく他の情熱の場合よりいっそう幅をきかせている。万事が人間でおこなわれるもので、瑣細なもののはずみで、知らぬ間に、さまざまな記号が交換される世界のできごとであってみれば、当然なことだ。笑っている目とか強い目とか、あるいは声の響きとか沈黙とか、そういう明らかなきざしを考えてみると、たちまちさまざまな思い出が群がり生ずる、そして未来が宣告される。こういうさまざまな予感は、好奇心が断固たる判断の側についていないと、しばしばとんだ間違いをやる。つまり、予言の吉凶を知る観念によって、予言の真偽が試されるのである。このできごとが、また新しいいろいろな記号を産みだす。この一事から、記号の解釈が、恋愛の真の糧であることがわかる。障害が恋愛を強固にするゆえんもそこにある。

——アラン『精神と情熱とに関する八十一章』小林秀雄訳

「記号の解釈」こそ恋愛を養うものであるというのは、恋するひとを眺めればすぐにわかる。恋人を想うあいだに、恋人を待つあいだに、世界の些細な出来事がどんどん意味に染まってくる。コトンという音が恋文の到着かと思わせ、犬の鳴き声にも恋人の到着かとからだを震わせる。出来事のすべてが〈暗号〉に見え、聞こえるのだ。恋するひとは世界の些細な変化に過剰なまでに感応する。それは世界を〈暗号〉の総体として手前勝手に染め上げる横柄さであるとともに、どんな小さな〈暗号〉の消失にも深く身を切られる傷つきやすさでもある。恋するひとはとても不安定なのだ。だから、脇目には、恋するひとが恋している人物以上に、当の恋するひとが妖しく映る。我を忘れ、放心しているひとほどそそる存在はいない。たしかに、思い込みの激しい頑固なイデオローグと紙一重ではあるが。

魂の力学

恋するひとはなぜいつも打ち震えているのだろうか。この問いが、恋愛に駆るものが何であるかという最初の問いにヒントを与えてくれる。

人間の心持や考えは理知によって殆ど支配されない。従って、人間は事物を判定するさい常に、事物の固有の値いもしくは価値によるよりも比較によって判定するものである。〔このため、〕心が或る程度の完全を考えまたはそれに慣れると、この程度の完全に至らないものはすべて、真実には敬重すべきものであっても、それにもかかわらず、情緒に及ぼす効果に於ては、欠陥ある悪しきものと同じなのである。これは精神の一つの根原的性質であって、身体の場合に毎日経験されるものと相似している。〔身体の場合、例えば〕一方の手を熱くし、他方の手を冷くすると、〔左右の〕異る感官の〔異る〕性向に応じて同じ水が同時に熱くも冷くも思えよう。〔同様に、〕或る性質の僅かな程度が〔同じ性質の〕大きな程度に続けば、真実の程度より少いときと同じ感覚的気持を産む。いや時には、対立する性質と同じ感覚的気持を産むことすらある。例えば強烈な苦痛に随伴する寛《くつろ》かな苦痛は少しも感じられない。いやむしろ快になる。また他方、寛かな苦痛に続く強烈な苦痛は二倍に悲惨で不快となる。

——デイヴィド・ヒューム『人性論』第二篇 大槻春彦訳

《魂の力学》とでも言おうか。いかなる事物であれ、それをそれ自体として思うことはひとには難しいものらしい。ひとはそれらをつねに「比較」のなかで摑む。物と物との比較ということもあろうが、状態の比較ということもある。じっさい、幸福の薄いひとにはわずかな喜びが大きな満足をもたらし、幸福の厚いひとにはどんな幸運もたいした喜びをもたらさない。しかし、わたしたちをひどく舞い上がらせるとともにひどく落ち込ませもするのは、自他の比較である。「他人のうちに観察される幸福又は不幸の分量の大小に応じて我々自身を評価する」のがわたしたちのつねであり、しかもその場合に、自他の対応は逆比例のかたちになっている。他人の不幸がじぶんの幸福を増し、他人の幸福がじぶんの幸福を減じるというふうに。あるいは、他人の快楽が自己の快楽を減じ、ときに苦痛ともなることもあれば、逆に他人の苦痛が自己の苦痛を減じ、ときに快楽となることもあるというふうに。

このときもっとも激しく蠢《うごめ》きだす感情が、嫉妬である。嫉妬ほど自他の比較から強烈に生みだされる感情はほかにない。それは「比較から快を収めるため他人の禍悪を産もう」

とするよこしまな思い、つまりは邪心にすぐにつながる。ただしここで重要なことは、嫉妬を生むのが、他人との大きな隔たり、落差ではなく、むしろその近さであることだ。

嫉妬を産むものは、他人との大きな不均衡でなく、却《かえ》って近似なのである。例えば、一兵卒は軍曹や伍長に対するほど将軍には嫉妬を抱かない。名ある文人は、自己に近い作家から受けるほどの嫉視を平凡な三文文士からは受けない。〔その理由は次のとおりである。〕なるほど、不均衡が大きければ、比較から起る不快は大きいに相違ない、と考えられるかもしれない。とはいえ、他方に於て考えられることであるが、大きな不均衡は関係を切断して、隔ったものとの比較を〔全然〕させないようにするか、或は比較の効果を減少させるのである。

——ヒューム、前掲書

とすると、「似たもの夫婦」というのは、一つの象徴かもしれない。たがいに馴染みあうなかで夫婦がいやがおうにも似てくるというのも真実かもしれないが、それ以上に「惹かれあう」者ははじめから似ていると言ったほうがいい。似ているから微細な差異がきわだつのだ。だから傍目にはどんなに平凡なひとにも、それを溺愛するひとが現われもするのだ。過激なまでの差異のなかで「惹かれあう」者は、「比較」のなかで判定するひとたちとは、そもそも世界を感受する水位が大きく逸れていると言ったほうがいい。

とはいえ、たいていのひとは「比較」という、相対的な世界にどっぷりと浸かっている。「比較」によって生まれる感情——たとえばさまざまの劣等感、あるいは貧困に起因する深い恨み——そのものは当人にとって絶対的なものであるにしても。「比較」の世界ではその絶対的なものがその位置をたえず変えるだけのことだ。

しかし、である。恋愛であれ恨みであれ、その感情が「比較」によって生まれるからには、恋愛の、そして恨みの対象というのは、実在する対象そのものであるというよりもむしろイメージとしてあるということにならないだろうか。わたしたちは先に、〈暗号〉が「恋愛の真の糧」であると考えはじめたが、〈暗号〉は見えも聞こえもしない世界そのもののなにかの徴候というよりも、世界は〈暗号〉として現出すると言い換えたほうがいいのではないだろうか。かつてエルンスト・カッシーラーが指摘したように、人間による世界の知覚は根源的に「相貌的」なものである、と。世界はつねになにがしかの〈顔〉として現出してくる、と。

「いないいない、ばぁーっ」と手拭いを上げ下げすると、赤子はその瞬間ごとに一喜一憂する。手拭いで隠すと、母の消失に赤子は泣きそうになる。が、時とともに赤子はそれが現出であって実体でないこと、つまり手拭いの背後には、いま現われていようが現われていまいが〈母〉がいると確信するようになる。そうなると遊びは終わりだ。現出のあるなしにかかわらず〈母〉の「実在」が確定されるのだから。その意味で、なにかあるものの「実在」とは観念的なものである。経験の向こう側に想定されるものだから。それ自体としては見ることも、触れることもできないのだから。わたしたちが経験している世界というものは、ほとんどがこのような構成になっている。恋愛もまた、そのような「あの人」をめがけるものである。

「肉体の襞」

しかし、恋愛はたんなる複数の人物の比較から生まれるものではない。恋愛もまた〈暗号〉によって編まれるかぎりにおいては、先のバルトも言うように、「わたしが欲しているのはわたしの欲望であり、恋愛対象というのはそのだしになってきたにすぎないのだった」と言えるかもしれない。「愛を喪ったからこそわたしは涙するのであり、特定の彼／彼女を思って涙するわけではない」、と。けれども、ここで喪《うしな》われるのは〈暗号〉というより〈関係〉である。恋愛がわたしが編む幻想の総体にすぎぬものではありえないのは、恋愛の糧が、じぶんがある他者の意識の宛て先になっているという事態だからである。わたしが「他者の他者」でありえているということが、「わたし」がたしかな存在として存在するための条件になっているからである。他のだれでもない、このわたしを指さして、「あなたがそばにいないと生きてゆけない」と言ってくれるひとの存在、その存在にじつは「わたし」自身の存在が養われているからである。わたしたちは、不特定のひとに愛されるよりも、「あの人」に愛してもらいたいのである。

ヒュームは言っている。「我々を主として意気阻喪させるものは、その人の判断に我々が或る価値を置くような人物の侮蔑であって、他の人間たちの意見には著しく無関心である」、と。後にもキェルケゴールが、「自己が何に対して自己であるかというその相手方が、いつも自己を量る尺度である」と言うことになるような、そのような事態である。先にヒュームが嫉妬や恨みが「近似」のひとに対して向けられると言ったことには、このような意味も含まれていたのである。

恋愛においてはこのようにして、わたしの抱くイメージとしての存在ではなく、なによりも特定の他者の実在を欠くことができないにしても、その実在は先にも言ったような観念としての存在ではない。現われの背後にいる、現われを超えた存在としてではなく、現われのただなかで現われとして現出している当の他者のはずである。ここで「肉体の襞」という、バルトの謎めいた言葉がはじめて浮き彫りにされてくる。「愛する肉体の何が、わたしにとってフェティシュとなりうるのか。どのような部位であるのか（信じがたく小さな部分かもしれない）。どのような偶然の仕草であるのか。爪の切り方か、ほんの少し角の欠けた歯か、髪の房か、喋ったり煙草を吸ったりしているときの指の格好なのか。わたしとしては、そうしたあの人の肉体の襞のすべてに素晴しいを言いたい」と書きつけていたときの、その「肉体の襞」である。

バルトはおそらく、その「襞」の向こうをめがけるのではなく、その「襞」の内側に潜り込もうとするのが恋愛だ、と言いたいのだとおもう。そしてそのつど「襞」に感応し、もつれあおうとするのは、もはや人物としての「わたし」ではなく、「意識はしばしば感覚の襞のなかに身を潜めている」とミシェル・セールが言っていたように、じつは「わたし」よりも古い、わたしのなかの人称以前の感能なのだとおもう。性を、そしてエロスを深く内蔵していない恋愛など想像できないのも、恋愛がじつはこの感能をもう一つの「真の糧」としているからなのである。この感能は、じつは、〈愛〉のみならず、それと対立するかにみえる〈憎しみ〉の感情においてひときわ深く蠢《うごめ》きだすものでもある。

憎しみの媒質?

転んで膝のところがすりむけた子どもの傷の手当てをする母親の表情には、「可哀想に……。痛いやろ」と慰めながらも、どこか嬉々としたところがある。他人の指先にささった棘を抜くときも、ひとはその作業じたいを愉しんでいるように見える。おしゃべりしているあいだ、ずっと他人の髪をこまめにいじっている若い女性を見たこともある。「いちゃいちゃ」というのは、隣り合わせればちょっと妖しい気分になるものの、歳を問わず、恋するひとたちのありふれた光景である。

「よく世間には、頼まれもしないのに他人の頭の白髪を抜いてやったり、腫物の膿を搾ってやったり、そんな事の大好きな女があります。あれなども、一般の人間が少しずつ持って居る共通な性癖だろうと思われます」——。愛撫と痛めつけとがないまぜになったこうした「性癖」は、肉体としてある他者のその「襞」のなかに巣くう。他者がその「内側」から感知しているところの身体、まさにその「内側」の回路に分け入ろうという不可能な企て。まるでそのチャンスであるかのように、あるいはそれの代償行為として、ひとは、表面が裂け、ぶよぶよとその内部をさらしてしまった他者のその身体部位に、嬉々としたまなざしを送る。ぞくぞくしながら手当てをする。痛みというものはなぜ、このようにひとを惹きつけるのか。

私は「憎み」と云う感情が大好きです。「憎み」ぐらい徹底した、生一本な、気持のいい感情はないと思います。人を憎むと云う事は、人を憎んで憎み通すと云う事は、ほんとうに愉快なものです。

仮りに自分の友達の中に憎らしい人間が居るとする。私は決して其の友達と絶交しません。いつまでも彼と交際して表面はいかにも深切に装って、内々腹の底で軽蔑したり、意地の悪い行動を取ったり、皮肉なお世辞を浴びせたり、空惚けて欺かしたり、散々愚弄し抜いてやりたいと思います。若し世の中に憎らしい人間が居なかったら、どんなに私の心は淋しいか判りません。

私は自分が憎んで居る男の顔をハッキリと覚えて居ます。恋いしい女の顔よりももっと、ハッキリ覚えて居ます。そうして、いつでも其の輪廓をまざまざと眼前に描き出す事が出来ます。どうかすると、其の男が憎いと同様に、其の男の皮膚の色、肌理《きめ》の工合、鼻の形、手足の恰好までが憎くて憎くて溜らない事があります。「憎い足つきだ。」「憎い手つきだ。」「憎い皮膚の色だ。」などと思います。

——谷崎潤一郎「憎念」

「私」は、ここにじぶんの「春の目覚め」をふりかえって再確認している。そしてこう言う。「「恋愛」と同じく「憎悪」の感情は、道徳上や利害上の原因よりも、もっと深い所から湧いて来るのだと思います。私は性慾の発動を覚えるまで、ほんとうに人を憎むと云う事を知りませんでした」。

「性慾」という憎しみの媒質について書かれた箇所のうち、わたしの目が惹きつけられたのは次のような件《くだり》である。

私は彼の鼻の恰好を嫌いました。丁度癇癖の強い人が、嫌いな食物を出されると胸がムカムカするように、私は彼の容貌を熟視するに堪えませんでした。凡べて、私の彼に対する感情は、彼の肉体から受ける官能的の刺戟に依って支配されて了ったのです。私は着物や食物に対すると同じように安太郎を取り扱かって了ったのです。

多くの読者は、私達の少年時代に蠟しんこと云う玩具《おもちゃ》のあった事を御存じでしょう？あの玩具が子供に喜ばれて、一時非常に流行したのはどう云う訳でしょう？蠟しんこを以て、さまざまな形のしんこ細工を拵える事も、勿論愉快であったには相違ありません。しかし、其れよりも、われわれ少年の好奇心を動かしたのは、あのグニャグニャした、柔かい、粘ッこい物質自身にあるのです。あの物質を自由勝手に伸ばしたり圧しつけたり摘まんだりする手触りが、子供には無意識に面白かったのです。あの物質を見ると、誰でも掌で丸めていたずらをしたくなるのです。

他者が「内側」から感受している生身の身体というよりも、それをむしろ物へと、さらには所有の対象へと還元したうえで、その他者の身体をなぶり、痛めつけることが、なぜ身震いしてしまうほどに「官能」をそそるのか。また、その輪郭を頑なに維持することをせず、むしろ摘み、握り、いたぶる者の思いどおりになる、「あのグニャグニャした、柔かい、粘ッこい物質」の可塑性が、なぜ「性慾」の誘因になるのか。そうした問題がここで、愛と憎しみがないまぜになって、ともにそこから迸《ほとばし》りでてくるようなある場所を指し示しているようにおもわれてならない。

流動化する支配と従属の関係

他者の所有、攻撃、支配。ぐにゃぐにゃ、ふにゃふにゃ、ねばねばといった物質としての肉の属性。ここで描かれているのはしかし、他者の存在をじぶんの所有物として（ということは意のままになるものとして）、それを弄ぶという、いわば所有の主体を強化する欲望ではない。「彼の肉体から受ける官能的の刺戟に依って支配されて了ったのです」「いたずらをしたくなるのです」と書かれていることからもうかがわれるように、ここで描かれているのは、ある「刺戟」に点火され、やがて深くそれに弄ばれてしまう自身の「官能」のほうなのである。他者を弄ぶことで弄ばれるのは、弄ぶじぶんのほうなのである。

他者を弄ぶというのは、他者にとってなによりも私秘的なものであるはずのその身体を、まるでそれを弄んでいるこのわたしの身体であるかのように扱うということである。他者の思いとは異なるしかたでその身体を「わたしのもの」として所有すること、つまりは、他者とその身体のあいだの私秘的な関係というものを当の他者の身体において解除することである。それは他者の存在のその同一性を崩壊させるものとして、他者が激しく拒むことであり、だからこそ、他者を憎む者は、他者へのこの仕打ちを、他者がその存在を崩壊させるぎりぎりのところまで追求することになる。

アランは書いている。「所有したいというある欲望は泥棒を作るが、所有物への愛は貪欲家を造る。貪欲家は、事物よりもむしろ自分の権利を楽しむ。他人の同意を強いる動かしがたい権利の確立、これが貪欲家に固有の勝利なのだ」、と。けれども、他者の存在は、わが傀儡《かいらい》に、あるいは奴隷になろうとも、それを所有しきることはできない。所有しきるより先に、ひとつの由々しき事態がどうしても起こってしまう。それは、ヘーゲルがかつて指摘したように、所有するものは、その意志を物件のなかに反映するちょうどそれとおなじだけ、所有物そのものの構造によって規定される、そのかぎりで所有する者はそれが所有する物に所有され返す、という事態が否応なしに生じてしまうからである。所有／被所有の関係の反転という事態である。他者をわがものとしようとすればするほど、その他者の言葉やしぐさや表情の一つ一つの些細な変化に翻弄されることになるのは、嫉妬一つとってもすぐにわかる。ひとはじぶんのものでないものを占有しようとして、逆にそれに占有されてしまうのだ。こうした反転を封鎖するためには、こうした反転がもはや起こりえないような絶対的な所有を夢見るか、あるいは逆に、反転を必然的にともなう所有という関係からそっくり脱落すること、つまりは絶対的な非所有を夢見るほかない。暴君ネロのすさまじい濫費から、アッシジのフランチェスコや世捨て人まで、歴史をたどってみれば、そうした夢は何度も何度も反復されてきた。ネロやアッシジのフランチェスコの子孫はひきもきらず現われてきた。

他者の存在を所有することの不可能性は、交通不可能なものの交通の問題でもある。交通不可能なものに、無理やり、ということは幻想的に、交通をつけるというそれじたい不可能な欲望が、ひとが他者に向ける憎しみによって点火される。

他者とその身体のあいだの私秘的な関係というものを当の他者の身体において解除したいという欲望は、他者の存在のその同一性を崩壊させたいという欲望であると、さきに書いた。それは、他者の「内部」、つまりはその内的同一性という幻想を破綻させるということである。が、その行為は、他者を破綻させる主体それ自身にもはね返り、私有財産(private property)として理解されたわたしの肉体のその所有権の解体を迫ってくる。他者の身体が裂け、口を開けたところ、そこに執拗にかかわるうちに、〈自〉と〈他〉の境界、自身の〈内〉と〈外〉がついに流動化されてくるからだ。

P・クロソウスキーはこの流動化を、制度としての身体を損なう行為としてとらえている。

> 《私》が《私の》肉体を所有するのは、諸制度の名においてにすぎず、《私》のうちにあるそれら諸制度の言語は監視者にすぎないのだ。制度の言語は、その中に《私がある》ところのこの肉体が、《私のもの》であることを《私に》教えた。《私》が犯しうる最大の罪とは、《他者》から《その》肉体を奪うことであるよりも、《私の》肉体に、言語によって制度化されたこの《私自身》との連帯性を失わせることなのだ。また一方から言えば、《私自身》に肉体があるために《私》が獲得するもの、それを《私》は、その肉体が《私に》属するものではない《他者》との関係において、ただちに失ってしまうのだ。
>
> 自己固有の肉体〔引用者注：corps propre＝私の身体〕とは別の条件をそなえた肉体を持つという表象は、明らかに倒錯に特有のものである。倒錯者は他人の肉体の他者性altérité を感じるとはいえ、彼がなにによりもいたく感じとるものは、彼自身のものとし

ての他者の肉体なのである。そして規範的、制度的には彼のものである肉体を現実には彼自身と無縁の étranger ものとして、つまり彼を定義するあの非従属の機能には無縁のものとして感ずるのだ。自分自身の暴力が他者に及ぼす効果を理解できるように、彼はあらかじめ他人のうちに住まっているのだ。他者の肉体の諸反射作用のうちに、彼はつぎのような他性 étrangeté を確認する。すなわち、《自己》の内部における、他的な力の出現である。彼は内部にいると同時に外部にいるのだ。

――『わが隣人サド』豊崎光一訳

クロソウスキーがここで指摘している「倒錯」は、さきにわたしたちが描きだした《所有関係の攪乱《かくらん》》というよりもむしろ、たえず〈わたし〉のもの（私有財産）として回収されるような、「身体」という制度的閉域をふたたび、「感性的多型性」(la polymorphie sensible)――フロイトなら「多型倒錯」と言うところだろう――へと向けて解除するような行為のことである。ねぶる、圧す、ちぎる、擦《す》りつけるといった幼児のようなふるまいが、谷崎の主人公の、サディスティックであり、かつまたフェティシスティックでもあるふるまいにうかがえるのも、それが身体を軸とした存在の制度を穿つものであるからだろう。

レヴィナスの言うように、「愛すること、それは他者のために危惧することであり、他者の弱さに手をさしのべることである」とすれば、憎しみもまた「他者の弱さ」をめざす。そのばあいの「他者」とは、身体はだれかのものであるという、身体をめぐる所有の制度、それにもとづく身体の自己統御《イニシアティヴ》の体制（autonomie、つまりは「自律」）の下にある他者のことではない。それは確固たる主体にみえて、じつは制度という幻想によって編まれているものにすぎない。自他の境界、内外の境界を外され、あるいはすり抜け、何かとして限定したとたんに姿を消してしまうような他者、つまり対象として規定されることをどこまでも拒むような、存在としての他者のことである。新宮一成の卓抜な表現を借りれば、つねに「在りかけていて在りそこねている」他者のことである。

　対象としてあることを拒む存在のその「羞じらい」を、可視的な表象として無理やり固定するようなふるまいをもし「猥褻」と呼ぶならば、肖像写真ほど猥褻なものはないと言えそうだ。そんな「猥褻」に関心はなく、むしろその「羞じらい」そのものにからみつきたいという欲望が、極度の愛と憎しみには貫かれている。だから、愛撫であれ、いたぶりであれ、そこには他者の身体にめり込むような密着がめざされる。

が、このような密着への願望は未だ、クロソウスキーのいう「感性的多型性」ではない。皮膚の彼方にある別の身体にめり込もうというのは、密封された（制度としての）他者の身体への欲望にほかならないからである。こうして、本章のはじめに掲げたロラン・バルトのつぶやきが意味するところもようやっと見えてくる。

バルトはこう書いていた。「愛する肉体の何が、わたしにとってフェティシュとなりうるのか。どのような部位であるのか（信じがたく小さな部分かもしれない）。どのような偶然の仕草であるのか。爪の切り方か、ほんの少し角の欠けた歯か、髪の房か、喋ったり煙草を吸ったりしているときの指の格好なのか。わたしとしては、そうしたあの人の肉体の襞のすべてに素晴しいを言いたい」、と。バルトがここで言っている「フェティシュとなりうる」部位として列挙しているものは身体の細部であるが、しかしもはやひとまとまりの対象としての身体の各部分としての細部のことではない。バルトがそう書いているように、身体のその細部じたいが他者の〈存在〉の「襞」としてとらえられている。思い起こせば、バルトの同時代人、ミシェル・セールもまたひとの〈存在〉を「襞」としてとらえていた。噛み合わせた歯と歯のあいだ、眼をつむったときの瞼《まぶた》と瞼のあいだ、握りしめたこぶしの内側、組み合わせた太腿のあいだ、踏ん張ったときの肛門の襞のあいだ、頭を抱えるときの頭皮と掌のあいだ……。そのように皮膚と皮膚が合わさるところに「魂」はつかのま宿る、と。セールのいうそういう「襞」の一つに、バルトは、欠けた歯も髪の房も指の格好も数え入れていたことになる。ひとのシルエットも匂いも、その一つだということになる。

愛と憎しみというかたちで恋人たちがほんとうに合わせたいのは、ほんとうにいたぶりたいのは、おそらくたがいのそうした「襞」である。「もし君が身を救いたいと思うならば、君の皮膚を危険にさらしなさい」（M・セール）。めがけるべきは、惹かれるべきは、恋人の身体ではなく、恋人の「肉体の襞」なのだ。が、多くのばあい、この二つは取り違えられている。他者への愛撫においても痛めつけにおいても、他者の皮膚への接触が、まるで「〈自我〉の境界線を維持し、無傷のまとまった存在であるとの感情を再建するための劇的な試み」（D・アンジュー『皮膚―自我』）であるかのように、当人たちには受けとめられている。そう、濃密であるはずの存在が、必死で密封し、繕われなければならない塊のように「幻想」されている。そういうかたちで、ひとは「在りかけていて在りそこねている」。

愛と憎しみは、愛すれば愛するほど憎しみも深くなるというふうに相互に反転しあうだけでなく、（クロソウスキーも書いていたように）自他の存在をも反転させる。そのように自他が交差し、崩れ、侵蝕しあうなか、〈わたし〉たちはいつも在りかけて在りそこねてきた。その意味で、愛と憎しみは、「人格」などと平気で言っているわたしたちの慎ましやかな佇まいをはるかに溢れでる感情であるといえる。

最後に一言つけくわえるならば、愛と憎しみについて書きながらわたしはずっと、伊藤俊治がおよそ二十年前に書きつけた次のような問いかけを反芻していた。

最大のタブーはもはやセックスなどではなく、〈愛〉なのかもしれない。セックスは今や、そうした愛の親密さや感情的な交感を避ける口実になっているのではないのだろうか。

——『20世紀エロス』

5　私的なもの　所有の逆説

「わたし」はわたしだけのものではない

「わたしのこころ」、「わたしのからだ」と、ひとは言う。このところは、「わたしのアイディア」、「わたしの業績」とか「わたしの能力」、「わたしの素質」といった言葉を、ひとはなぜか息せき切って口にしがちだ。

「わたしの」という言いまわしは、ここにいるこのわたしのことを言っているわけで、その点では疑問の挟みようのないことのようにおもわれる。だが、すこし考えればわかるように、「わたしの」という表現は、このわたしのことを言っているようでじつはそうではない。というか、「わたしの」という表現の意味はすくなくともこのわたしに由来するものではない。

「わたし」という表現は、だれもがそれぞれに「わたし」であることの了解を前提にしている。「わたし」はこのわたしについてのみならず、すべてのひとについて言われうるものであることの了解、それが「わたし」という言葉を使えるための条件である。それは、「わたし」は「あなた」にとっては「あなた」であり、「あなた」は「あなた」にとっては「わたし」であるという相互性の了解であると言ってもよい。その意味で、「わたし」はこのわたしに由来するものではない。「わたし」はわたしだけのものではないのである。「こころ」と呼ばれ「からだ」と呼ばれてきたものが「わたしのこころ」、「わたしのからだ」と呼ばれるとき、そこにはもう〈制度〉というものが挿し込まれていることは、以上のことからもわかる。「わたし」という観念の配分、もしくは宛て先、つまりは帰属という問題がここには挿し入れられているからである。この「こころ」、この「からだ」はだれのものか、という問題である。

この「こころ」、この「からだ」がだれのものであるかという問題は、これまた自明のことではない。この「こころ」、この「からだ」はそれを生きている当の者、つまりは「わたしのもの」であるということは観念的にはあたりまえのことのように見えるが、じっさいの感覚としては不明なところがある。まる一日、じぶんの身体を、あるいはその活動を、「わたしの」身体として生きているひとなどいまい。わたしは日常の大半、だれかのために身体をせわしなく動かしている。「これはわたしの身体でありながらわたしのものではない」というのが、会社や家庭で働いている者の実感であろう。「わたしのものではない」というのが言い過ぎであるとしても、すくなくとも「わたし独りのものではない」とは実感しているはずだ。じぶんの思いどおりに身体を動かせたら（あるいは、遊ばせられたら）苦労はない、と。また、それらの活動のなかでも多くのばあい、身体は習慣というかたちで、動かすという意識もなしにいわば自動的に動いているものである。半身麻痺のばあいのように、身体の一部に感覚がおよばず動きがとれないこともある。そもそも随意運動がほとんど不可能なケースもある。

「こころ」の活動、つまり考えや思いについても、同様のことが言える。人びとが交換している言葉のなかに生まれ落ち、言葉の網の目のなかでみずからの考えや思いを紡いできたわたしたちにとって、わたしだけの言葉というものはそもそも存在しない。わたしの考えは人びとのあいだを流通する言葉によって編まれている。これまで読み聴きしてきたさまざまな言葉によって編まれている。厳密に言えば、わたしが独りで編みだした思想などというものはありえない。「わたしの」考えとはいえ、じつは「引用の織物」でしかないというのが、多くのひとがものを語り、書くときの正直な思いであろう。

ある著者たちは、自分の著作について話す時、「私の本、私の注解、私の物語、等々」と言う。そう言う彼らは、一戸を構え、いつも「拙宅では」を口にする町人臭がぷんぷんしている。彼らはむしろ「われわれの本、われわれの注解、われわれの物語、等々」と言うほうがよかろう。というのは、普通の場合、そこには彼ら自身のものよりも他人のもののほうが、よけいはいっているからである。

——パスカル『パンセ』断章四三、前田陽一・由木康訳

にもかかわらず、わたしたちは「からだ」も「こころ」もじぶんのものであると信じて疑わない。それは、この問題が制度的な観念の問題であり、謂うところの「権利問題」であるからだ。

「権利問題」というのは「事実問題」と対照されるものである。それは現にどうかということではなく、あるものがどうあるのが本来の姿であり、また正しいあり方かという観点から見られたものである。あるものが本来だれのものであるのかという問題、つまりはその存在の帰属するところの問題、それを〈所有〉の権利の問題として古来人びとは取り扱ってきた。土地や家屋、水源といった物件の所有権であり、家族や奴隷といった人格の所有権である。

西欧ではじまった社会の近代革命は、所有権を有するもっとも基本的な単位として、市

民的個人を立てた。いいかえれば、何かの所有権者であることが市民的主体の条件であると考えようとした。市民が個人としてのその存在を存続させるためになくてはならないものとして、生命と財産の保全を掲げ、これについては本人の同意なしにはいかなる他者といえどもそれを侵害してはならないとした。もちろん「契約」としてそれら私有財産にあたるものを一部、合意のうえで譲渡するということはありうる。いやそれがなければおよそ共同社会というものはなりたたない。が、根本にあるのは、個人についてはその存在はそのひと自身に帰属するという考えである。「わたし」の存在はわたしのものであるということが、個人の基本的な権利として認められることになった。

自己所有という考え方

ひととしての存在の所有者はそのひと自身であるという考え方、これをふつう〈自己所有〉(self-ownership) と呼ぶ。ひとが自己の存在にかんして所有権 (property) を有しているということ、つまりその所有者《オーナー》であるというのは、当のものについてそれをそのひとが意のままに処分することのできる権利を有するということである。ひとは行動においても財産にかんしても、その意志にしたがって自由にふるまい、処分してよい。ただし、他者のおなじような権利を侵害しないかぎりにおいてという条件つきで、である。

ひとは彼が所有するところのものである――この〈自己所有〉という考えは、その後わたしたちの社会において急速に膨張し、人びとの存在のさまざまな局面に浸透してゆくこととなった。家屋や財産、調度品のみならず、学歴や人脈、性別や国籍といった、およそ所有という観念のなじまないような領域においてすら、人びとはそれらを所有したり譲渡したりしうるものとみなすようになっていった。労働時間（身体の拘束時間）と賃金、平均余命と保険金額といった、ひととしての存在と所有（＝財）とのあいだでのあまりにあからさまな関係の設定にも、いまではだれもおどろかなくなっている。他人にいっとき身体を譲渡することで金銭を譲り受けても、文字どおり臓器や組織の一部を切り売りするばあいでも、「わたしの身体なのだから、それをどうこうしようとわたしの勝手だ」という「正当化」の理屈を否定するのは、おもうほどかんたんなことではない。

われわれは存在の絶対的な拘束性を逃れ、それを所有の自由によって補償しようという欲望をもっている。われわれは、場合によっては、所有によって出自を補い、国籍を買い、自然が与えたものとは異なる性すら取得することもできる。存在はますます、耐エガタイホド軽クなり、〈在る〉はますます〈持つ〉によって侵食されている。

――小林康夫「ブリコラージュ的自由」

ここで存在と所有の関係づけが、どうして所有による存在の「侵食」というふうに規定されるのか。そのことがどうして、存在が「耐エガタイホド軽ク」なることと判定されるのか。こうした憂いもしくは危惧の背後にあるのは、じぶんの存在がじぶんではどうにもならない（＝意のままにならない）という事実を、ここでひとは所有の「権利」によって清算しようとしているのではないか、という問いただしである。ガブリエル・マルセルの言葉を借りていいかえれば、「わたしが事物を意のままにすることを可能にしてくれるその当のものが、現実にはわたしの意のままにならない」という逆説的な事態への感受性がここでは消失してしまっているのではないか、という問いただしである。

たしかに、「美容整形」「ボディメイキング」から「貸し腹」「遺伝子操作」「デザイナーズベイビー」まで、ひとの存在様態のみならずひとの誕生にまで、操作的な思考は浸透してきている。たしかに、ひとの存在は「耐エガタイホド軽ク」なってきている。それにもかかわらず、右のような問いただしはひょっとして性急すぎるかもしれない。自己の存在が決定的に否定されるような局面においても、ひとは自己の存在を自己による所有の対象とみなすことによって、いいかえると、じぶんがその存在の「主人」であると宣言することによって、ぎりぎりのところで自己の存在を護ろうとしてきたのもまた事実だからだ。

このことについて、わたしはかつてこう述べたことがある。

ヘーゲルが指摘しているように、ひとはじぶんの身体が凌辱されたとき、それを他なるもの＝自分の所有物として切り離すことによって、いいかえると、人格の侮辱としてではなく——このときわたしは身体である——、わたしの外面的な所有物の侵害としてその出来事を了解することによって、自己を防御することができる。ひとがときに凄まじい拷問に耐えうるのも、意志の強靭さはもちろんのこととして、さらにこういう自己意識が作りだす距離によるところが大きいのではないか。近年、「解離」や「多重人格」ということがしばしば問題にされるが、それもじぶんが過去に受けたある耐えがたい虐待の記憶を、じぶん自身が作り上げた別の人格に転写して、自己を防衛する方法だと言えなくもない。ちょうどトカゲが危険を感じたとき、尻尾を切断してダミーにするように、である。

じぶんにとってじぶんの存在が対象的なものとしてあること、いいかえるとそのようなじぶんをじぶんの意のままにしうるものとして所有しているということ、そういう対自的なかたちでの自己への関係が、ここではわたしの存在であるとされている。そうだとすれば、〈主体〉としての存在は、何かを所有する主体としての自己理解なしにはたしてありうるのかという問い、それをここで視野にとどめておく必要がある。

そのうえでのことである。〈主体〉であることが存在の〈自己所有〉というかたちではたして確保されうるものかが問題となるのは。〈所有〉のまなざしがわたしたちの存在のあらゆる象面に浸透してゆくかぎりにおいて、そのまなざしが所有の主体そのものにもおよぶことを押しとどめるものは何もない。たとえば同一の者としてのひとの連続的な存在、つまりは「アイデンティティ」への問いは、ほとんどのばあい、そのような傾斜面に立ってしまう。「アイデンティティ」とは、時間のなかで身体の不断の様態変化を貫いてわたしが「わたし」としてもつその同一の持続的な存在のことである、とさしあたって言っておくとして、そのような「わたし」の同一的な存在は、すでにない過去のわたしの体験の数々をわたしが記憶というかたちで所有していることのうちにその根拠があるとされる。〈過去の〉意識の自己所有のうちに、「わたし」の同一的な存在の根拠がもとめられるのだ。問題は、所有の〈主体〉としての自己自身もまたこのように〈所有〉のまなざしにさらされることで、主体としては崩壊してゆかざるをえなくなるのではないかということである。

所有の根拠?

「たとえ自然の事物が共有のものとして与えられていても、人間は、自分自身の主人であり、また自分自身の身柄とその活動ないしは労働の所有者であるがゆえに、依然として自分自身のうちに所有権の大いなる基礎を有している」(『市民政府論』鵜飼信成訳)。

ジョン・ロックが「私的所有」(private property)の根拠について述べた有名な一節である。ここには、ひとが何ものかの所有者であることと、ひとが〈自由な、独立の〉主体であることとが一体の問題であることが、高らかに宣言されている。いいかえると、〈わたし〉の存在は〈わたし〉が何かを所有しているというその所有態へと還元できるというのである。

ロックは、おなじ書物の別の箇所でこうも記している。――「ひとびとの身柄は自然権によって自由であり、彼らの所有物は、多かろうが少なかろうが、彼ら自身のものであって、彼らが自分で自由に処理しうるものであって(中略)そうでなければ所有権ではない」。

《労働所有論》ともよばれるロックのこの主張は二段階でなされている。まず第一に、個人が自身で制作もしくは生産した物は基本的にその個人に帰属するものであるということ(彼のもの、彼の私有物=私有財産であるということ)。次に、その根拠は、そのような労働を生みだした彼の心身の能力が彼自身のものであるということに求められるということ、である。もちろんそこにさまざまな付帯条件がつけられてはいるが、議論の骨格はそのようなかたちになっている。

この身体がはたして「わたしのもの」であるのか、私有財産であるのかどうかについては、ふつうは自明のこととされているが、それがはたして「財産」(property)であるかどうかについても、さらにそれが「わたしの」それであるのかどうかについても、一から問いなおされるべきである。身体は権利としては「わたしのもの」であっても、じっさいにはそうではないことについては、すでに述べた。また、身体が私的な「財産」であるのかどうかについては、さらに突っ込んだ検討が必要となろう。この点については、身体は「私有財産」として、ほんとうに、所有者である主体が自由にしうる、もしくは自由にすべきものなのかどうかを、のちに考えるつもりである。

その前に考えておきたいことは、身体をそのようなものとして所有するとされるこの〈わたし〉、その同一的な存在を論じるときにも、これまで、〈所有〉のまなざしが深く挿し込まれてきたということである。

さきにとりあえず「身柄」と訳した person という概念は、ふつうは「人格」や「人物」と訳される場合が多いが、このパーソンという概念を、ロックは「理知と反省〔の能力〕とをもち、自分を自分と考えることのできるような、思考する知的な存在」、「異なる時間、異なる場所にあって同一の思考するもの」と規定している。そして続けて、そういう存在は「意識によって」のみ可能であると言っている。

ロックはこう考える。思考につねにともなう〔自己〕意識（consciousness）——たとえば、わたしが何かを見るときには、わたしは同時にじぶんが何かを見ていることを意識しているということ——が、各人を、みずからが自己と呼んでいるものにさせるのであって、この意識が後方に（backwards）、すなわち過去の行為や思考に拡張されるかぎりで、人格の自己同一性は成り立つというのである。「同じ意識」が「同一の自己」というものを可能にするというわけだ。じっさい、別の著書『人間知性論』のなかで、この自己同一性を次のような言葉で表わしている。

知性のある存在者は、それがみずからの現在の思考や行動についてもつ（has）意識によって、それ自身にとって自己なのであって、そうして同じ意識が過ぎ去った行動ないしは来るべき行動に拡張されるかぎりにおいて、同じ自己であろうとする。

——第2巻第27章第10節

あるいは、

この現在の思考するものの意識が結びつくことのできるもの、それが同じ人物を作り、またその意識と一つとなった自己であり、そういう意識以外のいかなるものとも一つになっていないものなのであって、つまりはこのような意識がとどくかぎり、その思考するものの全作用を、そのもの自身のものとして自己に帰属させ、わがものとして所有する(owns as its own)のである。

——同・第17節

ここではあきらかに、時間のなかでおなじ自己を「保ちつづける」意識のはたらき、つまりは〈記憶というかたちで〉自己を「もつ」という、意識の自己所有・自己保存のはたらきのなかに、人格の自己同一性の根拠が見いだされている。いいかえると、自己の自己同一的な存在が自己による自己の所有へと還元されているわけである。その意味で、これは、パーソンの〈存在〉を〈所有〉に定位して理解しようとする思考にほかならない。このような思考法が、主体の自己固有性を、他者とは異なるものとして自己内在的に規定しようとし、かつまた時間的には過去に向かって自己の同一化を図ろうとする点で、まさに二重の意味で、他者に対して身を閉ざすものであることは、あらためて言うまでもないだろう。ちなみに〈わたし〉の自己同一的な存在を、意識が自己自身を時間のなかで「保ちつづける」はたらきのうちに根拠づけようとする考え方は、ロックからフッサールまで西欧の近代哲学のなかで連綿と続いている。

資格社会の前提

ここで、もういちどロックの議論の骨格をふりかえっておく。ある物がだれに帰属するかは、それをだれが作りだしたかによって決まる。つまり物はそれを作りだした者のものである。なぜならそれを作りだした労働が労働者自身のものだからである……。これがロックの《労働所有論》というものだ。この理論においては、労働が各人のものであるということの根拠はさらに、労働する各人の身柄が各人のものであるという点に求められた。つまり、労働の所有権の根拠は最終的に、身体の〈自己所有〉(self-ownership) に見いだされた。

この議論がとりわけ興味深いのは、資本主義を擁護するひとも、批判するひとも、ともにそれぞれが論拠としてもちだす議論だという点である。それは、資本主義経済のもとで賃労働という労働形態を正当化する論理としても、マルクス主義からするその批判の論理としてもはたらく。つまり前者は、労働力は各人のものであるから、その使用権を譲渡・賃貸する権限も各人に属すると主張し、後者は、賃労働においては生産労働が生産手段を保有する資本家に売り渡され、労働者自身の本質を対象化したものとしての労働生産物が彼自身に所属しないので、労働は必然的に「疎外」されざるをえないと主張する。いずれの場合も、心身の能力は本来各人がその所有権をもつものであるという考え方が根底にある。

ここから浮かび上がってくるのは、個人にはそれぞれに固有の「能力」があって、この個人のパーソンの〈自己所有〉があらゆる物の所有の根拠となっているのだから、所有の権限については個人は社会に何も負うことがないという、議論の図である。そしてこのように規定された個人が、たがいにそのような「能力」を所有する主体として関係しあう社会が、眼の前に開かれているという図である。

思い起こせば、近代社会は、各人を評価するときにその出自の条件をいったん解除することからはじめた。個人がどのような地域のどのような階層に生まれ、家族がどのような職業につき、どれくらい収入があるか、あるいはその個人が男性であるか女性であるかといった、出自をめぐる歴史的・社会的な条件、つまりは当の個人にとっては偶然的なことがらを当人の評価項目からいったん解除し、「普通教育」「普通選挙」というふうに、人生のいとなみ、社会的な活動において、おなじスタートラインから出発できるような社会をつくろうとしてきた。「個人の自由」「個人の平等」をそのようなかたちで保証しようとしてきた。

これを裏返していえば、個人をその出自の条件とは切り離して、彼／彼女が個人としてどのような物を、どのような価値を生みだしてきたかという観点から評価しようという社会である。ここで個人は、個人としてどのような「能力」をもち、それにもとづいてどのような「業績」をあげるかによって評価をされる。そしてその「能力」を証すものが「資格」である。「資格」というかたちで、個人はその「能力」を測られ、就職というかたちでその「能力」発揮のための場を与えられる。

「資格」を問われるというのは、個人が「能力」によって選別されるということである。たとえば入学試験や入社試験や昇格試験というかたちで。選別というのは、選ばれる者と選ばれない者に分けられるということである。選ばれないというのは、「あなたはわたしたちのこの集団には必要がない」と宣告されることである。つまり、あなたの存在はわたしたちには不要であると言われ、その存在の意味を否定されることである。〈近代〉という社会的なプロジェクトの延長線上で、人びとはこのような存在の意味への問いにだれもが曝されるようになっている。幸い選ばれた人びとも、次にいつ選ばれなくなるやもしれない。〈近代〉というのは、その意味で、人びとが恒常的にその存在が否定される可能性に曝されている社会なのである。

これを補完してきたのが、福祉の思想である。ひとは存在するだけで価値があるという思想である。が、これはあくまで補完の思想であって、この社会のエンジンになっているのはあくまで個人の「能力」を測る思想である。

いまフリーターやニートと呼ばれている人たちは、この能力社会、資格社会から落伍した人たちとみなされる。けれども、もしかしたら、その人たちは、わたしたちの社会の、まさにこの、選ぶ／選ばれるという関係そのものから進んで落伍しようとしているのかもしれない。「存在の否定」に恒常的に曝されつづける社会を拒絶しようとしているのかもしれない。

個人の自由を、個人の存在の〈自己所有〉という事態から根拠づけようとしたロックの思想の延長線上で、こうした、寒々とした光景が広がっている。

近代を代表するもうひとりの哲学者、イマニュエル・カントは、個人の自由の根拠をその存在の「自律」に求めた。いいかえると、自由な個人を、じぶんが何をなすかをみずから決定しうる、そういう「自律」的な主体として規定しようとした。「自律」とは、他者からの強制にも、内部的な感情や衝動にも囚われることなく、自由に自己を統御できるという意味でもある。その前提となったのが、ほかならぬ、じぶんの存在はじぶんのものであるという思想である。こうしてひとは、〈所有〉のまなざしを自己の存在にも向けるようになった。これは、いいかえれば、ひとはその存在を他者に負うという考え方が入る余地がなくなったということでもある。川本隆史氏はこの点を衝いて、「《所有》(own)と

《債務を負う・恩恵を被る》（owe）、《当為》（ought）との間にあった語源的つながり」に着目しながら、こう問いただしている。「身体・能力の所有（own）が社会への責務関係（owe）から切断されたところで、近代に特異な〈自己所有権〉の主張がかろうじて成り立っている」のではないか、と（「自己所有権とエンタイトルメント」）。傾聴に値する指摘であるとおもう。

しかし、ひるがえって、所有は所有として最後まで貫徹できるものなのかどうか。自由であるというのは、何ものかについての所有権を、あるいは自己自身についての所有権をもっているということなのかどうか。

こうして、〈所有〉の逆説をめぐり、わたしたちは、〈自由〉の問題圏に入ってゆくことになる。

6　〈個〉自由の隘路

「自由」への訝り

「自由」という言葉には、いまでもどこか違和感がつきまとう。学問の自由とか言論の自由の主張、「自由を我らに」という運動のスローガンなどの政治的な文脈においては、「権力」概念の対項としてすっと口にできそうな気もするが、「自由」という言葉を個人生活のなかで、あるいはその対人関係のなかで使用しはじめると、口調が急に浮つきだす。「いまでも」と書いたのは、liberty や freedom の訳語として「自由」が定着する過程で、それを提案する知識人たちのあいだにもずっとおなじような違和感がぬぐえなかったようだからである。柳父章《やなぶあきら》の『翻訳語成立事情』によると、幕末の頃までには liberty や freedom の訳語に、「自主」「自在」「不羈」「寛弘」などとともに、「自由」という語もあてられるようにはなっていた。が、明治に入っても、この「自由」という訳語をあてるにはためらいがあった。「わがまま勝手」「思いどおりにする」といった否定的なニュアンスがこびりついていたからである。「自由」という訳語への流れをつくった福沢諭吉や中村正直も、彼ら自身、かならずしも適切であるというわけではないという思いをたびたび表明している。

そして柳田國男。一九四一年の『たのしい生活』でこう述懐している――

私は五つか六つの頃に、丁度日本に「自由民権」という言葉が潮の如くに流れ込んで来る時代に遭遇致しまして、私の家は村でありますが、或日一人の若い博徒が泥酔して自分の家の門口に寝てしまって動かぬ、それを立退かせようとして、内からも外からもいろ〳〵な人が手を掛けて起そうとしますと、その人が「自由の権だ」といって呶鳴ったことを記憶して居ります。これが自由という言葉に対する私達の概念を頗る混乱させまして、何だか非常に厭な困ったもののように感じ、久しい間その時代の自由民権運動の首領であった板垣退助さんに対する反感のようなものが抜け切らずに居りました。

ひとが何かをおこなうことを外部から強く制限されるとき、たとえばその行動に激しい圧力がかかる、その存在が厳しく拘束される、意に反して何かを強制されるといった場面では、それらへの反撥の表明として、「自由」という語はなかなかのリアリティを帯びる。ここで「自由」は、「支配」や「隷属」、「専制」や「圧政」の対項として語りだされる。他者あるいは「権力」によってじぶんの存在が脅かされているという事態への抵抗、その合い言葉として「自由」が口にされるのである。

けれども「自由」は、わがまま、気ままや、ただの放埓としてなされた行為をみずから正当化するときに用いられもする。ここでは「ひとの勝手」とほとんどおなじ意味で、「個人の自由」が口の端に上る。つまり、強制や拘束からの自由ではなく、何をしてもよいという恣意の自由、干渉されない自由として。

差異は、脅威を感ずるのがだれか、干渉されるのがだれか、ということにある。前者は、ほんらいはその権利を有するはずなのにそれ以外の選択を許さぬと迫られている「個人」である。後者は、無制約の選択を主張するセルフィッシュな個人である。この「セルフィッシュ」という意味の混入を、「自由」の訳語を定着させた明治の人びとは訝ったらしい。

オートノミー?

「自由」という概念は、「自己」という概念契機を欠くことができない。不自由とは、自己の思いや意志が制限されること、それも自己というものに固有の権利が認められてしかるべきものが制限されることを意味する。それは、「自己」とともにその自己に権利として属するはずのものが侵されている、脅かされている、というふうに言いかえることができる。とすれば、「自由」には「権利」という概念契機も本質的に含まれていることになる。

自己に固有のものを護る権利。その自己に固有のものが何であるかについては、さまざまに考えられてきた。生命、あるいはその座である身体、選択する意志、身柄（家族をはじめとする親しい交わりの関係）、個人もしくは集団の所有物……。

ここで問題になるのは、あくまで「権利」としてあるものである。生存権、そして所有権。「権利」としてあるかぎり、それらは正当化可能なものでなくてはならない。これが欲しい、これをしたいといった、個人の衝動や欲望はあきらかに他者のそれらと衝突するもの、単純には共存できないものだから、正当性の主張のあいだにかならず対立が起こり、正当性の主張を全うすることは困難である。したがって、恣意的なものは「権利」からは排除されざるをえない。根拠の認められるもの、だれもが普遍的に承認できるもの、そういうものが「権利」にはなければならない。

そこに導入されるのが、「自己」という契機である。「自由」という概念には、まずは、他者からの制限や干渉を受けていないこと、他者に強制もしくは拘束されていないことが含意されるが、これを裏返せば、ひとが他者の支配を受けずに、もっぱら自己の意志にもとづいて思い、行ないうること、つまりは一つの自立的な主体であることを意味する。「自由」はしばしば「自律」(autonomy)という概念で言いかえられる。「自律」とは、「自己《アウトス》が法《ノモス》である」ということ、自己が自己の行動の決定主体であるような個人(あるいは集団)のあり方のことである。そういう意味で、「自律」は「主権性」とも言いかえられ、より具体的には、「自己統治」や「自己決定」、「自己管理」や「自己支配」とも言いかえられてきた。自立的な主体であるとは、「わたしがわたしの主人である」ということであり、「わたしがわたしの生の主宰者である」(デカルト)ということである。

ここで自立的=自律的というのは、生の遂行においてわたしが、他者による制限を受けないだけでなく、他者の意志に依存しない状態にあるということである。それどころか、わたしの意志が他者のそれに依存しているというのは、たとえその意志にもとづいた行動が他者によって制限を受けていなくても、じつは不自由そのものなのである。「自由」とはまずなによりも「自由な意志」の存在を前提するものである。そして、個々人の意志の発動のうちに「自律」という回路が設置されていることが、「自由」のもっとも基本的なかたちなのである。

その意味では、「不自由」の概念は言うにおよばず、「自由」の概念にも、そもそものはじめから（それがたとえ自己自身に向けられるものではあっても）「権力」の発動が含意されているといえる。「自由」という概念がこの「主権性」の概念にとってかわられるものであるかどうかは、「自由」の概念の核心にある問題である。この問題はさらに、しばしば自明のように語られるけれども、「自由」とは何かが「意のままになる」ことを意味するのかどうかという問題に直結している。というのも、「主権性」というのは、いやさらに遡って「自己に固有なものを護る」というのは、はたして、じぶんがじぶん自身をじぶんのものとして「所有」している状態のことなのかが、ここで問われなければならないからである。

「自己に固有のもの」と言うときの「固有」の語は、じつは西欧語では「所有」という語とおなじである。英語の proper、フランス語の propre、ドイツ語の eigen、これらはじぶんに固有のものを表わすときにも、じぶんに帰属しているもの、じぶんが所有しているものを表わすときにもひとしく用いられる。property も propriété も、「固有性」とともに「財産／所有権」を意味する。ドイツ語では「固有性」と「財産／所有権」とは、Eigenheit（もしくは Eigentlichkeit, Eigentümlichkeit）と Eigentum というふうに言い分けられる。つまり、西欧語では「自己に固有なもの」はつねに、「所有」という意味の翳《かげ》りに包まれている。「固有」は「所有」と切り離せないのである。そしてさらにつけくわえておけば、propertyとpropriétéはdisposabilityとdisponibilitéと言いかえられもする。後者は「意のままにできること」(だからdisposalという語がストレートに意味するように、処理・投棄・廃棄処分も可である)、つまりは「自由処分権」を意味する。

所有関係の反転

こうした諸概念の連結については、それらを鵜呑みにするのではなく、それらをめぐってきわめてアイロニカルな事態を二つ、どうしても指摘しておかねばならない。まずは概念の背馳《はいち》にかんすること。「自己に固有なもの」とは、わたしたちの日常語でいえば「替わりのきかないもの」「かけがえのないもの」のことである。この「替わりのきかないもの」「かけがえのないもの」を「所有」にまつわる用語で語りなおすことが、そもそも自己撞着的である。というのも、所有物であれ所有権であれ、それらはほんらい交換可能なもの、譲渡可能なものだからである。交換可能なもの、譲渡可能なものは「替わりのきくもの」「かけがえのあるもの」である。プロパティは交換可能な物件(所有物)を意味すると同時に、その反対物、つまり交換不可能な人格のあり方(固有性)をも意味する。ここから、西欧語でいう「固有」という概念じたいがすでに、「交換」や「譲渡」という概念契機に侵蝕されているということがうかがえる。

このことがもつ意味については、のちに述べることとして、もう一つのアイロニカルな事態は、所有関係が、つねに反転する可能性、いや必然性を内蔵しているということだ。ヘーゲルが指摘していたように、所有する者は、その意志を物件のなかに反映するちょうどそれとおなじだけ、所有物そのものの構造によって規定される。そのかぎりで、所有する者は所有物に所有され返す可能性にさらされている。これは例に事欠かない。

ひとがいちばん持ちたいもの、貯めたいものとして、貨幣がある。それを持てば多くのものがおのれの物になり、おのれの自由になるからだ。が、貨幣の所有、そして貯蓄への努力は、容易におのれを縛ってしまう。貨幣の所有と貯蓄それじたいがいずれ自己目的化するからだ。物を自由にするための前提である貨幣所有への欲望は、「守銭奴」として貨幣に縛られる事態へとかんたんに反転する。物の所有のばあいも、一つ手に入ればシリーズの穴の空いた部分を埋めようとさらに別のものが欲しくなる。シリーズへの欲望、コレクションへの欲望とはそういうものである。物への欲望はシリーズという別の欲望の形式に容易に呑み込まれる。そして、他者の所有。ある異性を「わがもの」にすればするほど、その異性のふるまいや言葉や表情の些細な変化の一つ一つに振り回されることになる。その異性の関心がよそへ向かわないか、気が気でならなくなるのだ。嫉妬はおそらくはその典型である。このように、ひとは自由への夢を所有による自由へと転位させ、そうすることで逆にじぶんをさらに不自由にしてしまう。

制限のない自由はない

海外にしばらく住んだことがある。飛行機で海をよこぎり、目当ての町に着いて、引っ越し荷物の整理や住民登録などの手続きも済んで、ほっと一息ついたとき、とてつもない自由を感じた。さあ、あしたは何をするか？　だれからも何も強制されない。命じられない。ぜんぶじぶんが決めればよいことなのである。おなじような自由は、入学試験や期末試験が終わってふと空白の時間ができたときにも、たぶんだれもが感じてきたはずだ。けれども、それはそう長くは続かない。じぶんを締めつけてきたものがもうなんの拘束力ももたなくなってしまうと、まるで気が抜けたように、こんどは自由のほうが色褪せてくる。自由か不自由かわからないような、半端な、虚《うつ》ろな気分になって、こんどは退屈しはじめる。自由とはなんともやっかいなものだ。

自由とは、それがもっとも忌避するもの、つまりはなんらかの強制や拘束が同時にないと、実感も想像もできないものなのだろうか。それとも、この虚ろさこそ、人びとが自由を満喫していると思い込んでいる、あるいは思い込まされている社会が孕む「虚偽意識」のようなものなのだろうか。

さきほど、「だれからも何も強制されない。命じられない。ぜんぶじぶんが決めればよいことなのである」と書いた。ここに、「自由」という概念の二つの面がすでに現われでている。

自由とは、まず、他からなんの強制も干渉も受けていない状態、なんの拘束も圧力もかけられていない状態のことである。自由とは、さらに、何かをじぶんの意志でおこなうことである。自由のこの二つの面は、しばしば、「〜からの自由」と「〜への自由」として対比される。「消極的自由」と「積極的自由」として対比されることもある。

強制や干渉、統制や拘束、命令や圧力の不在。そういう意味での「自由」は、たとえば規定演技と自由演技、定型詩と自由詩、管理貿易と自由貿易という言い方のなかにも見られる。表現や行動を制限する定まった枠がないこと、あるいは管理や監視の不在という意味である。

しかし、このような意味での「自由」を最後まで貫徹するのはむずかしい。わたしには他からのなんの干渉や拘束もなく思うままに行動する自由がある、つまり他者によるわたしの自由の侵害を許さないということをわたしが主張するとき、それが他者たちに承認されるためには、他者もまたおなじ主張をすることを認めなければならないからだ。その主張はそのままこんどはわたしにも降りかかってきて、わたしは他者の自由を侵害しないように自己抑制する必要が生じるからだ。そう、自由の自己抑制である。

デイヴィッド・D・ラファエルがその著『道徳哲学』（野田又夫・伊藤邦武訳）のなかであげているたわいもない例を借りれば、深夜にじぶんの部屋でエレクトリック・ギターを弾くことはわたしの自由である。が、それは隣人の安眠を妨げる。このとき、わたしの自由の発現は他者の自由を阻害する。だからわたしはわたしの自由を制限しなければならない……。つまり、とラファエルは言う。「完全なる社会的自由は、人々が互いに全く関係をもつことがないのでない限り、自己矛盾である」。そこでわたしは音量を下げるか、耳にレシーバーをつけるなりして、他者の自由を侵害しないようにみずからの行為を制限しなければならない。ふたたびラファエルを引けば、「すべての者にとっての完全な自由は、誰にとっても自由の効果がほとんどないことを意味する」のであって、その自由が効果を発揮するためには、それはあるていど制限されたものであるほかない。不自由のないまったき自由とは虚構である。人びとが「自由のはきちがえ」を口にするときも、言われているのはこの虚構のことだろう。古今の政治理論は、こうしたなかで、「他人にとっても同量の自由が両立できるような、可能な限り最大の自由」を擁護する道を模索してきた。自由に制限はなくてはならないが、その制限はできるかぎり少ないものでなくてはならない、と。

「自由であるべく強制されている」?

もう一つの「自由」についてはどうだろうか。強制や拘束、干渉や圧力の不在という以上の意味を「自由」に込めるこの考え方は、「思いどおりに」「好きなように」するのが自由であるという考え方をまずは否定する。「思いどおりに」「好きなように」というのがほんとうの自由を意味するのかと、問いを投げかけるのだ。「思いどおりに」「好きなように」というのは自由の見かけをもっているが、じつは自由の反対物、つまりは「欲望」への隷属ではないかと問う。おのれのなかの制御不能な「欲望」に動機づけられて行動が決定されるとき、行動はまさにこの制御不能な「欲望」という必然に縛られている。「思いどおりに」「好きなように」というのは、それじたいが束縛の一つの形態である。『エチカ』の、英語でいえば「ヒューマン・ボンデージ」にふれた四部で、スピノザは行為を縛るものとしての「感情」についてこう書いている——

私は、感情を導いたり、また感情を抑えつけたりすることについての人間の無力を隷従と呼ぶ。というのは、感情に支配される人間は、自分自身を支配する力をもちあわせず、むしろ運命の力に自分をゆだねてしまっているからである。そのため自分にとってより価値あるものを見ながら、外からの強制によって、より劣るものに追従してゆくことがしばしばある。

——『エティカ』工藤喜作・斎藤博訳

みずからは制御不能な「感情」が、価値のより劣るものであること、そしてそれが人間の内部ではなく外部から一定の行為を強制してくることが、ここで説かれている。感情は、欲望とともに、人間の「内なる外」として表象されている。そうすると、人間において価値のより高いものとは何か、人間にとっての真の「内」とは何か、ということが次に問題となる。

欲望や感情にがんじがらめに「縛られている」というのは、それらに抗いがたいかたちで隷属している（強制されている）ことであって、それは「自由」の反対物である。主体が「外からの強制」によって被決定の状態に置かれていることである。そこで、何がそれらより価値が高いか、それを見てとるような「理性」としての主体のはたらきこそが、人間の真に「内」なるものであることになる。つまり、行為を「思いどおりに」「好きなように」選択するのではなく、道徳的な観点から選択すること、ここに人間の自由が成り立つということになる。人間が、あらゆる外的要因（欲望や感情こそが人間にとっては「外からの強制」なのであった）を排し、みずから「かくなすべき」という意識をもって自己を統御しながら行為をなすときに、人間は自由であるということになる。

カントが道徳の場所として見定めたのも、人間においてこのような「自由」が成り立つ場所であった。行為を道徳的に評価するとき、カントが定位するのは、行為がどのような結果をもたらしたかではなく、行為がどのような意志のあり方においてなされたかということである。カントによれば、行為の結果を顧慮してなされた行為は、たとえ結果として道徳に適《かな》っていても道徳的ではない。そうではなく、「それが義務である」という理由でなされたばあいにのみ、行為は道徳的である。いいかえると、「もし幸福になりたいのなら、あなたはかくかくのことをなすべきだ」という条件つきの命令にしたがってなされた行為は、道徳的ではなく、むしろ「かくかくのことをしなさい」と無条件に命じられて、つまりそれをおこなうことが義務であるからおこなう、そういう行為だけが道徳的である。これは、あらゆる感性的衝動や欲望とは無関係に、義務の意識それだけが直接に意志を規定しているときにのみ行為は道徳的である、という考え方である。だからこそ、カントは、どうすれば幸福になりうるかではなく、どうすれば幸福であるにあたいするような人間になれるのかを問うのが、倫理学だと考えたのである。幸福を道徳の原理に据えるのではなく——幸福になれるかどうかは人間の裁量のなかにはなく、信仰や希望の問題であるから——、幸福であるにあたいするような道徳性をもつよう心がけることしかわたしたちにはできないのだ、と。

この心がけは《自律》(Autonomie)と呼ばれる。「外からの強制」ではなく、じぶんでじぶんの行為を導くことだからである。ここでは、行為は「外からの強制」によって決定されるのではなく、主体が自己のあり方を決定する。いまでいう「自己決定」というあり方である。じぶんの自由な意志にもとづいて(「自己決定」とそれにともなう「自己責任」にもとづいて)、たとえば安楽死を選択する、子どもを産む・産まないを選択すると言うときの「自由」である。

ここで念を押して言えば、「じぶんの自由な意志にもとづいて」というのは、ふたたび「思いどおりに」「好きなように」ということではない。そうではなくて、おのれの「内」なるものが命ずるところにしたがって、という意味である。その「内」とは、カントのばあい、「義務」として表象される道徳法則のことである。義務の意識にもとづいてなすというのは、「なすべきであるがゆえになす」ということである。そう、ここに帰結するのは、(たとえそれが人間にとって「内」なるものであっても)法則にしたがうことが真の自由であるという考えである。ルソーにならって言えば、人間は「自由であるべく強制されている」ということになる。

これは一つの倒錯ではなかろうか。ここでは「外からの強制」が「内からの強制」へと置きなおされているだけであって、「自由」はあいもかわらず「強制」によって成り立つというのは、どこか変である。

たしかに、「自由」を保護するためにこそ「強制」が必要となることはある。教育にもそういう面はあるし、犯罪者の懲罰・矯正にもそういう面はある。複数の「自由」を両立させるために、あるいは相互調整するために、公的に各人の「自由」に一定の制限をかけることももちろんある。はじめのところで見たように、「権威の不在は自由の不在を帰結する」が、しかし、「絶対的権威も自由の不在を帰結する」(ラファエル)。絶対的な「強制」は「自由」を許さないはずである。絶対的「強制」によって可能となる絶対的「自由」は、それが政体化されたとき、その「強制」がたとえ「内」からくるものであっても、「鉄の規律」となってきわめて抑圧的に機能すること、全体主義的に機能することを、わたしたちは二十世紀にしかと目撃している。

「自由」という権力?

「自由」がそれこそ「外」からの強圧としてわたしたちに迫ってくる場面も、わたしたちのしばしば経験するところである。強制や干渉からの自由が、なぜわたしたちにまさにその強制もしくは干渉として迫ってくるのか。

戦時下のイラクにボランティアで入り、捕虜となった人たちに、「自己責任」の大合唱が向けられたことがあった。このとき、《自律》という意味での「自由」にもとづき、自己決定による行為であるからには自己責任がともなうのは必定という議論が、どこからともなくヒステリックに湧いた。ここでは捕虜となった人たちの「動機」や「強制からの自由」についての議論は、大合唱のなかに埋もれてしまった。あるいは、個人の「自由」への希求が、それを保障する「安全」を過度に強調することになって、社会空間における監視体制がいっそう強化されるという皮肉な事態も、いま、いよいよ進行しつつある。「自由」を保護するために「自由」を制限するという逆説が、身近なものとして経験されるようになっている。

「自由」な主体を、その「自己決定」的なあり方から規定しようとするとき、このAutonomieという自己決定の回路は、言うまでもなく自己の内部で完結している。「自由」の概念は西欧におけるその成立事情からして「私的所有」(private property) という概念と連動してきた。じぶんの存在が他の何ものからも侵されない権利は、じぶんに固有なもの (property) を護る権利と考えられた。このわたしの身柄 (生命と身体) はわたし自身のもの (private property ＝「私的所有物」) だからである。自己をめぐるこの〈自己所有〉(self-ownership) の考え方が、他者から危害を加えられないこと、つまりは他者による強制や干渉からの自由という考え方を支えてきたのはあきらかだが、これは同時に、自己を内へと閉じさせる原理、自己を他者から隔離する原理としても機能してきたことに留意しておく必要がある。

このこととかかわる現代社会の奇妙な動向をめぐって、齋藤純一が鋭い指摘をしている。

近代のリベラリズムが〈国家〉や〈社会〉の権力を批判するとき、その批判の照準は、主として、統合の過剰に向けられてきたと言える。それは、国家や社会があたかも個人を超えた一つの実在であるかのように見なされ、諸個人の生が、その統合——同化や動員——の力に巻き込まれることに自由への脅威を看取してきた。しかしながら、そうした集合的な「主体＝実体」が人びとの生に及ぼす統合の力が低下し、いまや統合の過剰というよりもむしろ分断の深化によって自由に対する制約や剝奪が惹き起こされているとすれば、リベラリズムの批判はその標的を失うことになる。国家の権力は、依然として、自由にとっての脅威の一つであるが、それは、人びとの生きる空間の分断を与件とするものに変容しつつある。このことは、他者が、自由を脅かす敵として再び浮かびあがってきている事情とも密接に関係している。

——齋藤純一『自由』

これは、「一人一人の自発性が私的なものへ後退していく」のが現代だとしたT・アドルノの『啓蒙の弁証法』における指摘とも響きあうものである。わたしたちは「豊かな社会」のなかで私的な自由を満喫しているはずなのに、どこか、浮いている感じ、流されているという感じに苛まれている。緊密に編まれた見えないシステム、そのなかでわたしたちはみずからの狂おしい欲望でさえあらかじめ整流させられているようなもどかしさに包まれている。いろんなものをじぶんで選んでいるような気でいて、そのじつ選ばされているにすぎないような。わたしの「自由」は他者のそれと切れている。心地よくないわけではないが、しかしそのことで、わたしがたとえば、ここに、この町にいる理由、いなければならない理由もよく見えなくなっている。存在に重しがなくなっている、そう、浮いている感じ、流されている感じである。その感覚が、地域から浮き上がったコンビニなど環境の浮遊感とともに、身体の奥深くにまで浸透してきている感じがある。

いまじぶんがここにいるという、存在の重しは、なによりもじぶんとは別の存在との降りることをゆるさぬ関係、やむにやまれぬ関係、あるいはともに何かを作っていくという関係のなかに生まれるものであろう。他者からの干渉、他者への依存というのは、多くのばあい鬱陶しいと感じられるものだろうが、だからといってそれはただちに「不自由」を意味するものではない。いやそれどころか、他者との（見える、あるいは見えない）協同なしには、社会のなかでは一日たりとも生きてゆけない、食材ひとつ手に入れられないというのが現実である。他者の存在はたしかにわたしの「自由」を束縛してくるものではあろうが、その「自由」を支えてくれているものでもある。依存（dependence）というのは、一面、たしかに不自由である。しかしだからといって、「自由」は他者からの独立（independence）のほうからのみ規定されるわけでもない。その中間に、他者たちとの相互依存（interdependence）という位相がある。《自律》的主体として「自由」を考えるときには、この面における「自由」が抜け落ちる。自己意識のなかで自己を成形してゆく「自由」は、自己意識という閉回路のなかで空回りして、interdependence の関係から浮き上がってしまう。

他である自由

齋藤純一が、H・アーレントにならって、「非主権的な自由」を対置しようとするのは、そのような場所からである。アーレントは言う。「もし本当に主権と自由が同じものであるならば、実際、人間は自由ではありえないであろう。なぜなら主権というのは、非妥協的な自己充足と支配の理念であって、ほかならぬ多数性（複数性）の条件と矛盾するからである」（『人間の条件』）。「自由」を「主権性」と等置すると、「自由」は人間における複数性という存在の条件を破壊せざるをえないと言うのである。「自己」とはけっして個人のプロジェクトではない。他者への依存はただちに不自由であるわけではない。「自己」を護る自由はけっして「自己隔離」としての自由ではない。そこからは、「助力や補償」(help and security)を通して他者とともに何かができる自由というものが見逃されている。同一であることの自由ではなく、「他のように」という「非決定性」の契機と、その相互触発とを含んだ「自由」が抜け落ちている、と齋藤は言う。《自律》の自由が「内」からの必然によって規定されていたのに対して、ここでは、偶然という契機が「自由」概念のうちに導入されようとしている。他者にさらされ、ときに他者に身をあずけることで、つねにおなじ「わたし」であることから放たれる可能性としての「自由」が、である。

わたしたちは、重しをなくしたじぶんに、わたしのアイデンティティはどこにあるかと問う。そして「わたし」の、存在としての連続性にこだわる。しかし、連続性はみずからによって所有された過去にみずからくくりつけられるということでもある。この同一性の檻から放たれる自由というものはたしかにある。その自由は、じぶんとは別の存在、つまりは他者との偶然の遭遇によって、他者のほうからいわばわたしに贈られるものである。が、わたしの存在もまた他者に自由を贈る可能性がある。「自己の自由の擁護」へと閉じるのではなく、「他者の自由の擁護」へと開かれるということも、そうした遭遇のなかでこそ生まれるものであろう。じっさい、“liberal”という語には「気前のよい」という意味がある。一八六二年に刊行された『英和対訳袖珍《しゅうちん》辞書』でも、この語は「オゴル、物惜ミセヌ、心ヲ打明ケル、自由ナル」と訳されている（柳父章『翻訳語成立事情』による）。

しかし、そのような interdependence のなかの自由というのは、その interdependence じたいがこの社会ではきわめて複雑なシステムとして、匿名のまま、《自律》の回路とおなじく（？）いわばオートマティックに駆動しているがゆえに、そこに自由の開けるすきまを見つけるのは、まだまだ遠い道である。そしてその途上で人びとはいま、じぶんを傷つけることで、身を縛ることで、自由になるという、正反対の方法をとるところまで追いつめられているように見えてしかたがない。

7　シヴィル　市民が「市民」になるとき

「市民権」という意識の（再）浮上

「市民集会」や「市民会議」というものがある。このとき「市民」とはいったいだれのことなのか。「市民」に参加を呼びかけるといっても、すべての国民、住民を動員することは望んでいないだろう。ある問題意識をもってみずから進んでそこへと駆けつけた人びとの会議というイメージがそこにはある。そしておそらくそこからは、官僚や役人、政党の関係者や大企業の経営者などは排除される。学者の参加の可否は微妙なところである。子ども連れは認められても、議論への子どもの参加は認められないであろう。そこにはおのずから参加者の限定がはたらく。とはいえ、その限定がさまざまな集会や会議のなかでもっとも緩いのも、これまた「市民集会」や「市民会議」であるだろう。

ここでいう「市民」とは、まずは、政権に直結する、あるいは政治への圧力行使をしうる、そういう組織との関係をもたない人びと、あるいはそれをいったん停止しているかぎりの人びとのことであろう。「市民」はまた、地域住民や国民といった「籍」で規定される一般的な存在でもない。労働者や消費者といった限定によって括られる人びとのことでもない。

では、「人間」というもっとも普遍的な存在のことだろうか。「人間」に較べると「市民」に数えられる者は、まず「大人」に限定される。また歴史的にみても、「自由な成人男性」や一定額以上の納税者など、さまざまな限定が付されてきた。「市民」を「人間」と同一視するようになったのは、「近代」の政治革命のなかである。「人間の本性」という自然法的な認識を根拠に、女性の権利、労働者の権利、奴隷の権利、子どもの権利を「市民権」のなかに明示的に、あるいは潜在的に包含すべく闘ってきたのが、近代という《未完のプロジェクト》なのである。

市民の権利、つまり「市民権」が、人間の権利、つまり「人権」と同一視できるのは、あくまで国民国家という体制のなかでである。いいかえると、市民がそのまま同一国家の構成員（＝国民）であるときである。裏返していえば、国家登録から外された亡命者や国家から追放された（もしくは脱出せざるをえなかった）難民の存在は、「人間と市民、出生（nativity）と国籍（nationality）とのあいだの同一性」（G・アガンベン）、そしてそれがさらに一定の領土と結びついているという事実が、一つの擬制、一つの制度にすぎないことをあらわにする。いいかえるとこれは、「市民権」の発効が国家への登録とその認可を前提条件としていることである。

「市民権」と「人権」のあいだにこのような隙間があるかぎり、「国民国家」という体制のなかでは、社会が流動化するたびごとに「抵抗」というかたちで、つねに「市民」概念が回帰してきた。「人間」と「市民」を等号で結ぶその媒介としての「国民」概念に包含されることへの抵抗を、そして場合によっては包含されないことへの抵抗をも、「市民」概念を楯に示そうとしてきたのである。「人間」概念の人類学的ともいえる限定にもとづく古代のポリス的な「市民」概念はさておくとしても、少なくとも「人間」と「市民」とを厳密に同一視する近代フランスの『人権宣言』から、戦後日本における「市民社会」論やべ平連という運動体（「ベトナムに平和を！市民連合」）まで、「市民」は抵抗と異議申し立ての旗印だった。（じっさい、三年前、デンマーク政府の呼びかけで世界数十カ国で同時に厳密におなじ方式で開催する「地球温暖化に関する世界市民会議」の日本での実施のため各種企業への募金協力のお願いに回ったとき、「市民」という語がタイトルにあるかぎり協力しにくいという反応が少なからずあった。「市民」はここでは「人間」概念と同一視されることはなく、むしろ直近の記憶を引きずりながら、なにかと「反対運動」を組織するひとたちという予断のなかで見られていることをあらためて知った。）

しかし「市民」はかならずしも「国民」と対峙するかたちで標榜されるわけではない。E・バリバールも指摘するように（「「人権」と「市民権」――現代における平等と自由の弁証法」）、自由の維持・擁護が国家からの制限に対する防御というかたちでなされる一方で、平等の実現は、再分配の秩序にかかわることから、国家の介入をとおしてなされるものだからである。

では、「市民権」が「人権」や「国民の権利」とは異なった位相で主張されるのは、いったいどのような状況においてであろうか。現在という時点で、「市民」概念があらためてこの社会に浮上し、「市民意識」がいやましに強まり、かつまた「市民性《シティズンシップ》の教育」の必要が口繁く説かれるようになっていることには、どのような背景的要因が控えているのだろうか。

「原子化」する社会と市民の受動化

いきなり理念的なことをいえば、「市民権」が「人権」とは別の位相で意識されだした背景には、「人間」という観念の歴史的制約をめぐる議論の歴史がある。『人権宣言』とともに謳われた「自由・平等・博愛」の第三項、「博愛」には、fraternitéという原語からもあきらかなように「兄弟愛」という含意があり、これは自他の同位性を前提にしている。つまり「博愛」は、社会的に限定されたある同位性もしくは共同性の密かな拡張が、性の差異、知的・身体的な不平等といった「人類学的な差異」をいわば跨ぎ越し、封印するかたちで、人びとを「人間」という「最上級の共同体」(V・ジャンケレヴィッチ)へと同化してゆくそのプロセスのなかで、まっさきに構想されたものなのである。まず「人間である」というところから出発する議論があらかじめ跨ぎ越し、封印してしまうそういう差異と差別の次元を含み込んだかたちで議論を立ち上げなおすという課題が、すでに多くの人びとによって共有されているという事実がある。ここにまずは、「市民権」の議論が「人権」にもとづく議論と一線を画そうとする理由の一つがあるようにおもわれる。

しかし、人びとの「市民」としての自己意識化の動きには、皮膚感覚に近い、さらにもっと差し迫った事情があるようにおもう。

少し迂路をとることをお許しいただけるならば、柳田國男は昭和の初めに、「貧に対するわれわれの態度が変わってきた」と述べていた。その時代、都市では士族の零落、地方から出てきた労働者の劣悪な生活条件など、貧窮の「孤立」化はすでにかなり進行していたが、農村ではまだ「相互救済の力」が具《そな》わっていた。貧窮は想像を絶するくらいに「猛烈」であったが、「同勢の多かった」という事実がおのおの貧窮をめだたせなかった。

貧窮の惨めさは凶作や災害のときに極まった。けれども「郷党の努力には、戦時も及ばぬほどの熱心なる協同があり、この困苦を共にした記念が、また新たに隣保の情誼を深めている」のであった。そこには「共同防貧」の仕組みがまだあった。それが、「われわれの生活ぶりが思い思いになって、衣でも食住でもまたその生産でも、個人の考え次第に区々に分かれるような時代が来ると、災害には共通のものが追い追いと少なく、貧は孤立であり、従ってその防御も独力でなければならぬように、傾いて」きたと、柳田はいう。困窮が「共同防貧」という楯を失い、説くにも忍びざる「孤立貧」のかたちをとるようになった、と。そしてこの文章が収められている『明治大正史 世相篇』の末尾をつぎのような言葉で結んでいる。――「われわれは公民として病みかつ貧しいのであった。」「公民として病みかつ貧しい」というこの言葉、そのままわたしたちのこの時代にもまっすぐ突き刺さる。

長引く経済不況のなかで、企業組織は激しく流動化し、片や「リストラ」が進行し、非正規社員のような労働形態が増大してゆく。「右肩下がり」「格差社会」などとよばれる現代、セイフティネットは追いつかないまま、他方で「自己責任」論というネオリベラリズム的な言説も執拗にくり出されている。そのなかで個人の「原子化」ということが言われる。柳田の「孤立貧」を彷彿とさせる言葉であるが、それはなによりも、これまで不況による困窮のクッションとなってきたいわゆる「中間世界」（企業や地域社会）による庇護の力が弱まり、痩せ細ってきているという事実を物語る。「原子化」によって社会のなかに剝きだしで晒されている個人にとって、この社会はほとんど無構造にしか見えないくらい複雑に錯綜していて、社会危機もまるで天災のようにして降りかかってくる。直近ではリーマン・ショックのように、一国だけではとても制御不能なグローバルな規模の異常事が、なんの前触れもなく個人生活の足許をぐらつかせる。これに対して人びとがまっさきに感じるのは、個としての無力・無能である。ちなみに、第二次世界大戦後しばらくしてM・ピカートが警鐘を鳴らした人間の「原子化」（Atomisierung）という現象は、個人が「人格」としての内的連関性を喪失し、たえず核分裂している状態のことであって、困窮の孤立化のことではない。

個人が「原子化」してきた背景には、まずは人口の激しい流動化がある。血縁・地縁が放散しはじめたのだ。そのような血縁・地縁の弛緩は、人口の流動化にともなうサーヴィス社会の進行と裏腹でもある。家族や地域共同体は、それまでなによりも《他者のいのちの世話》の場であった。栄養摂取のための調理、排泄物の処理、ゴミ処理、洗濯、看病、もめ事の解決、老人の介護、子どもの養育と教育、看取りと葬送、祖先墓の守りなどなど。この担い手が、近代的なサーヴィス社会化の進行とともに、外食産業や食品流通産業、行政による下水道の設置やゴミ収集、クリーニング店、病院、弁護士事務所、介護施設、保育園、学校、葬儀産業など、公的な、あるいは民間のソーシャル・サーヴィス業務に急速にとって代わられていった。このことで人びとの寿命は延び、知的水準も上がり、安心して暮らせる環境が整ったが、代わりに失ったものも大きかった。それこそみずからの手で世話しあうという協働の能力であり、「共同防貧」の仕組みであった。人びとはいのちの世話のプロセスを外部に委託することで、そのふるまいにおいて受動化され、無力化されていった。「協同」の能力を痩せ細らせていった。一時期、機能を分担していた「社縁」という、企業や労働組合による家族丸抱えのソーシャル・サーヴィスも、あまりに過激な職住不一致の就労形態のなかで、ほぼ消失した。他方、《他者のいのちの世話》を日常的に並行しておこないうる職住一致の自営業は、シャッター街に象徴されるごとく、熾烈な企業競争のなかで劣化する一方である。

新しい「責任」のかたち?

「メディア社会」「インターネット環境」の名でよばれる情報社会化の現象も、「原子化」を急加速させてきた。遠隔通信のメディア報道のなかで、ひどくぐらついてきたものの一つに、「責任」の感覚がある。

わたしたちには近い過去まで、国内の出来事であれ世界の出来事であれ、情報としては届かない、つまり知らないですんでいたことが夥《おびただ》しくあって、責任というのはそのときじぶんの知っているところでしかとりようがなかった。ところが現在では、責任をとるというのは、もはやじぶんがじかに関与しているところだけではすまなくなっている。とりわけ近年は、物流と金融の脱国境的な横断と交錯、企業そのものの多国籍化が、国家を超えるというよりもむしろ国家の熾烈な経済戦略と連動しつつ、国家を超えて人びとの日常生活をますます深く侵蝕してきている。それぞれのローカルな食文化でさえ、グローバルな経済構造のなかに複雑に組み込まれているし、漁獲の国際取引の規制をめぐっても、さらには環境政策の調整にも、グローバルな政治の影がそのつど大きく差す。グローバルな水準での経済と政治の構造が個人生活の細部にまで深く浸透してきている。別な言い方をすれば、個人生活の構造が、途方もなく複雑なグローバル経済・政治のイシューに組み込まれ、さらにそれらが夥しい量の情報に媒介されて「世論」という名の感情（popular sentiments）を煽り、イメージはぐらつき、構造はますます透視不能になっている。そうしたなかで、個人がそれなりに「責任」（responsibility）をもって関与してゆこうにも、「約束し返す」（re-spondere）その宛て先がにわかには見えないのである。

「責任のとりようがありません」という、多くの人びとが共有する感情は、「責任」や

「倫理」というものをじぶんの「生活実感」と地続きではないところで考えざるをえなくなっていることからおそらくはくる。見ることのできない現実に対して責任を迫られるだけでなく、知ることのにわかにはできないことにも責任ある発言を迫られているということである。そのとき、「生活者」としての「実感」はもはや責任の根拠とはなりえない。生活実感の自己理解そのものが、メディアの発信する「情報」という名の擬似知識——ワイドショー化した報道番組や神経症的なまでに頻繁になされる世論調査——に媒介されて、不安定なままつねに定型的に枠取られてしまうからである。責任の意識は、「生活実感」ではなく、むしろある種の知的想像力を媒介にせずには発動しようがないのである。

が、知的な想像力が必要になったのは、経済・政治がグローバルな水準での複雑な契機の錯綜する場となっていること、そしてそのような社会的「事実」が幾水準ものメディアに媒介されて構成されているという点ばかりからくるのではない。現実が途方もない専門知識に媒介されているということにもよっている。

科学技術がこれまで社会生活の隅々にまでさまざまな利益や恩恵をもたらしてきたこと、これを疑うひとはいない。とりわけ先端科学技術といわれるものは、ＩＴ技術からナノテクノロジー、バイオテクノロジー（たとえば遺伝子操作による農作物改良や再生医療の試み）まで、人びとの日常生活の見えない基盤をかたちづくりつつあり、科学技術が研究者のもの、技術者のものというよりは、それ自身がきわめて社会的な存在となりつつある。つまり、人びとの生活に多大な影響、それも容易には後戻りできない影響を及ぼすもの、ときには広範囲に大きなリスクを及ぼすものになりつつある。

ところがそうした現代の科学技術は、高度に専門化しているために、専門家以外のひとにはにわかにその意義を評価しえないものとなっている。実際、それらの理解には高度な知識を要するから、その影響がもろに及ぶ市民は、みずからの生命と安全に深くかかわる問題でありながらもそれらの問題が発生する仕組みや解決の方法を、じぶんたちではうまく理解したり、構想したりすることができない。

しかし、構想できないのはじつは専門研究者のほうも同様なのである。専門研究者が長らく抱いていた「啓蒙」という思想は、専門家と一般市民の乖離を前提としている。つまり、素人にはわからないといういわゆる「欠如モデル」(小林傳司)である。そしてこうした「啓蒙」の幻想、つまりは専門家主義が、皮肉にも、これまで市民の知的体力をますます殺ぎ、市民を受動的な存在にしてきた。けれども、科学が異様なまでに細分化されてきた現代では、専門研究者もまたみずからが専門とする領域の外ではアマチュアなのである。彼らは「専門家」と言われるが、むしろ専門研究者といわれる「特殊な素人」であると考えたほうがよい。専門家は専門領域ではきわめて高度な知識や技能をもってはいても、専門以外のことがらについては非研究者とおなじく素人と言ってよいから、専門家のほうもそれがもつ社会的影響については、あらかじめ確かな判断を下せないのが実情である。

このように現代社会においては、科学技術政策というマクロな意思決定の場面から、医療・福祉・教育など個々の臨床現場での意思決定まで、専門家と（非専門家である）市民とのあいだに、双方が充分に理解しあえるための適切なインターフェイスの仕組みが欠落しているという状況が、深刻なかたちで存在している。専門家も非専門家もいずれも科学技術全体のあり方を見渡せないというところに、つまりは科学技術の自己制御がうまくきかないというところに、高度化した現代の科学や技術の問題がある。聞こえてくるのは、「責任とれません」と「責任とりません」という言葉ばかりなのだ。

じぶんの生活を決定しているもののこうした不連続感のなかで、人びとはついに当事者になりえず、傍観者の位置にしかとどまりえないのだろうか。佐藤卓己の表現を借りれば、「輿論《よろん》」（public opinion）よりも「世論」（popular sentiments）と連動しつつ、じっさいにはこれまでどおり、代議制という制度にしたがって「議員」という代表者を選出し、それに権限をそっくり委譲し、必要に応じて「族議員」に陳情し、利益誘導を図るといった構図のなかを、不安定に漂流するしかないのだろうか。

新しい社会性？

このような事態に対処するためには、失われつつある「中間世界」を、これまでとは異なる原理で、これまでとは異なるネットワークによって修復してゆかねばならない……。そう多くのひとは思いつめている。社会から迫られる「自己責任」や「自立」も、けっして「独立」（つまり非依存 in-dependence）、つまりは中間世界に走る深い亀裂という意味ではなく、むしろ「支えあい」（つまり相互依存 inter-dependence）のネットワークをいつでも駆動させることのできる用意が各々にできていることという意味で理解しなければならないと感じだしている。現代における「共同防貧」の仕組みである。

とはいえ、こうした分断の深化を超える途、市民の「原子化」から市民間のインターディペンデンスのネットワークの再構築へ——「孤立貧」から新しい「共同防貧」の仕組みへ——という途が、ここからすぐに見えてくるわけではない。現代生活は、社会におけるさまざまの、にわかには宥和《ゆうわ》しがたい両極性に引き裂かれている。「中間世界」といっても、先に指摘したようにグローバルな構造に深く侵蝕されている以上、内に完結したものではありえない。グローバルとローカルという二つの水準は複雑に交錯している。また、先のE・バリバールの指摘にもあったように、「自由」の維持・擁護が国家からの制限に対する防御というかたちでなされる一方で、「平等」の実現は、再分配の秩序にかかわることにも見られるように、国家の介入をとおしてなされるものである。「中間世界」はここでは「国家」の構造と錯綜している。さらに、専門家と非専門家、世代間の利害対立やディスコミュニケーションによっても侵蝕されている。従来の「中間世界」を彩っていた「相互信頼の過剰」(もたれあい)は現在、逆に、「相互不信の過剰」(よるべなさ)によって内から瓦解し、個人の「原子化」を加速しつつある。

そうしたさまざまの社会的な亀裂と分断のなかで、現在、階層、職業、地域共同体などを超えて社会のさまざまなセクターをつなぎ、また「原子化」した諸個人を橋渡しするような「媒介する人材」、つまりは異なるセクターをメディエイトし、さらにそれをファシリテイトする人材が求められている。NPOやNGOの活動、ボランティアの活動、さらには起業活動や地域活動といった場面においてである。そうした新たな人材に期待されているのは、「議論の異なるフレーミングを相互翻訳できる能力」であると言ってもよいし、社会的な「異言語」を渡り歩くことのできる能力と言ってもよい。となると、こうした期待のなかで、人びとは「中間世界」へのインヴォルヴのやりなおしを志向していると解釈すればいいのだろうか。

アイデンティティといえば、個人のそれには、国家への「登録」によるアイデンティティとともに、「帰属」によるアイデンティティがあるとされてきた。家族・血縁への帰属であり、《民族》という言語的共同体への帰属であり、地縁、つまり地域の文化的・道徳的共同体（コミュニティ）への帰属であり、さらに「同窓」や「社縁」、「裏社会」といったものもあろう。かつて時代ごとに「族」の名で呼ばれてきた若者集団にとっての六本木や渋谷は、帰る場所というより行く場所だろうが、そこに行くことでテイスト共同体としての「仲間」のもとに戻るという意味では、やはり「帰属」として意識されている。しかし、いま「中間世界」への自己のインヴォルヴのやりなおしということを考えるばあい、こうした「登録」と「帰属」にもとづくのとは異なるアイデンティティの摺《す》り合わせが問題になっているようにおもわれる。つまり、何ものかの財や価値や信念の共有にもとづくのではないような集合態である。

　何ものかの共有という意味での《縁》による共同性が消失しつつあるところで、たまたまこの場に生まれた者、たまたまここに暮らす者どうしとして、いったい何ができるのか。そのように問う、言ってみれば偶然の出会いをベースとした社会性が浮上しつつあるということ、そのことが一つの方向性として遠望されはする。ちなみにこれは、可能性としては、かつて九鬼周造が『偶然性の問題』の末尾のところで提起していた「根源的社会性」の理論の再構築の試みにも接続できるものである。九鬼は、「偶然性」と「間主観性」を交差させたところに写像されるこの《社会存在論》(Sozialontologie)を、「必然性」と「間主観性」とを交差させたところに写像される和辻哲郎の《間柄の倫理学》に、意識的に対置していたとおもわれる。

同一の財や価値、同一の理念や信念を共有しないまま、それでもなにかの協同を持続的に発動させることのできるようなコミュニティのなかでめざされるのは、誕生のときからたがいによく見知りあっている者たちのあいだのコミュニケーションではなく——ここでは「言わないでもわかる」というのがコミュニケーションの理想となる——、たまたまこの場にいることになったたがいに未知の者たちのあいだのコミュニケーションである。「地域住民」としての地縁にもとづく交流ではなく、地域での共住をきっかけとして生まれる、それぞれに特異な「市民」がその特異性をたがいに確保しつつおこなうコミュニケーションである——ここではおなじ考え、おなじ気持ちになることではなく、たがいの差異をより深く知ってゆくなかで、たまたまここに居合わせた者としてともに協力してゆける道筋を探ることがめざされる——。世界には読みきれないほどの情報が氾濫しているが、メディアが送り込んでくるその情報はさらにあらかじめ定型的に枠取られつつ、popular sentimentsというべき「世論」を煽る。これに対して、だれも世界を上空から眺めることのできない情報の藪《やぶ》のなかで、それぞれの視野のもとに見えてくる世界についての報告と解釈とをたがいに摺り合わせ、交差させるなかで、public opinion という意味での「輿論」をじっくりと立ち上がらせてゆく、そのようなコミュニケーションを通じて、人びとはいまみずからを「中間世界」へとあらたにインヴォルヴしなおそうと試みているように見える。

残されたいくつかの問題

それにしてもここであらためて言われる（地域住民ではない）「市民」とは、だれのことなのだろうか。「市民」とはつねに、潜勢的には社会構成員という抽象的な全体なのであるが、しかしそれが顕在的に語りだされるときには、そこにある種の限定が加えられる。「市民」概念が称揚されるときには「市民」が主題化される脈絡というものがある。では今日、「市民」はどういう脈絡で言われているのか。人びとはどういうふるまいをし、どういう自己理解をもつときに「市民」と言われるのか。

地域や大学には、読書会なるものがある。そこでは、それまでスナック菓子を口にしながら雑談に興じていた面々が、「それじゃ始めましょうか」という一メンバーの声によって、別の水準に身を置きなおす。そのようにいったんディスインタレスティッドな状況にみずからを置いてから、議論を開始する。言論のチャンネルが更新されるのである。人びとが「市民」になるのも、たぶんそういう仕方においてではないだろうか。

ここからまずは、つねに新しい公益と政治へのコミットを掲げるときのその考えられる最大広域の集団を表現するものとして「市民」概念が導入されると考えられる。ここで「市民」概念は大きく開いたままである。あえて未規定の部分を含むのは、すでに見たように、政治団体や宗教団体の活動、住民による反対運動、少数派の権利擁護活動など、あらかじめ主張を確定している活動によって「市民」のこの集合が限定されないためである。その一方で、別の限定がないわけではない。ここで「市民」は、ありとあらゆるひとのことを考えようとする人びとではあっても、ありとあらゆるひと（全員）ではなく、やはりパブリック・オピニオンを立ち上げようとしてともに動こうとする「志」をもつ人びと、行政をはじめとする社会運営にあるていどの責任をもって参画してゆこうという人びとではあるだろう。

しかしこの限定にも注意が払われねばならない。社会への責任意識の有無で「市民」を二分することは、あらたな倫理主義（ethicism）の導入をともなわないとだれが保証できるのかというのが、問題の一つである。あるいはこういう問題もある。地方行政や国政から（たとえば環境問題をめぐる）世界市民会議まで、政治に対してオルタナティヴな構想を対置し、問題解決の道筋をともに担おうという政策提案型の「市民集会」は、「コストも安上がりで実効性も高い巧妙な「動員」のかたち」(中野敏男)でもありうるということだ。それはまた、公共政策を補完する途を用意することで、人びとのあいだに溜まる不満の「ガス抜き」という効果としてしか機能しないこともありうる。さらにまた、そこには、それに乗ることのできない人びと、乗ってこない人びとの存在をどう位置づけるかという問題が控えている。いいかえると、だれがどのような資格で「市民」を名のりうるかという問題である。その活動が「市民」の僭称でないと言える根拠は何かという問題である。

また、「市民会議」や「市民集会」(対話集会《ワークショップ》)の場はそのまま「市民性」の涵養の場でもあるはずなのに、それが参加者の「自分探し」や「自己実現」や「学び」の場として消費され、オピニオンを立ち上げるというより、逆に個人の自己満足に終わるだけという危うさもある。ここでは強制が排除される以上、「自己の自由の擁護」は確保されているとは言えるが、しかしそこに「他者の自由の擁護」へと開かれ、転回してゆく契機が埋め込まれていないかぎり、結論のにわかには出にくい議題に延々とかかわりつづけてゆくことには、たんなるおしゃべりかイヴェントで終わる危うさがあるわけで、結果としてこのところよくいわれる「参加疲労」をしかもたらさないだろう。これを回避する工夫として、「市民集会」では、事前に、まず「何のためにこの会議を開くか」、次に「議論の結果をどう使うか」をきちんと決めておく必要があるという声も聞く。アジェンダの設定それじたいがすでにある種の政治性を内蔵していることは、現代生活のイシューにおいてはさほどめずらしいことではないからである。

とはいえ、それでも「世界」の上空に最終的な審廷をもたないわたしたちにとって、その行動規準の正当性（legitimacy）も妥当性（validity）も、あくまで間主観的な地平で、つまりは人びとのあいだで確定するほかない。これは、公共的な空間――「市民」たちの空間――においてはそうした規準が《対話》のなかから紡ぎだされてくるということであって、共同的な強制が《内なる制度》として人びとの内面を規定するようなかたちではもはや機能しないという状況と不可分である。他の「市民」たちの、声にならない声にもじゅうぶんに耳を澄ませながら、なおかつあくまで「理性的」なコミュニケーションのプロセスを持続させるなかで、いわば落としどころとして立ち上がってくると言うほかないものなのであろう。「市民」の対話は、政治における多数決のように、一定の他者を切り捨てはしない。「自由」の多様性と「他者の自由の擁護」とに最後までこだわる。この取り組みはエンドレスである。そしてそれにエンド・マークをつけたが最後、「倫理」という名の人びとの行動の規準は、擬似法的なものになってしまう。エンド・マークをつけることを拒みつづけるときにはじめて、人びとは「倫理」がより肉厚のもの、奥行きのあるものとなる可能性にふれる。

8　ワン・オブ・ゼム　「多様性」という名のアパルトヘイト

人格の多様性？

文化の多様性、性の多様性、家族の多様性ということが言われ、種の多様性によって生態系は維持されるというようなことも言われる。均質性ではなく多様性が成り立っていること、それが、社会過程、さらには自然過程に膨らみを与え、閉鎖によるそれらの自己崩壊を巧みに回避させている、と。「多様性」の否定を声を大にして主張することを、いまはだれもが躊躇する。マルクスにならって、だれも反対できない思想のことをイデオロギーと呼ぶならば、「多様性」の概念は、現在の社会において、あたかも最大のイデオロギーとして機能しているように見える。

個人について見れば、他者との同一を強制される社会よりは、個人の生き方の多様性が承認される社会のほうが、はるかに生きやすい。生きにくさということには、たしかに生き方の選択肢が多すぎるということも含まれるであろうが、そのことはいまさておいて、生きにくさとはなによりもまず、自由がないこと、生き方に選択の余地がないことに起因するものであろう。オール・オア・ナッシングで選択を迫られるよりは、つねに第三、第四の選択肢に開かれているほうが、はるかに生きよい。

環境も、文化も、慣習も、都市も、性も、家族も、多様であるほうがよい。だれもがそう口にするのに、ではなぜ、人格も多様なほうがよいとは言わないのか。人格の多様性とは、ひとにはそれぞれ個性がある、世の中にはさまざまなひとがいる、という意味ではない。たがいに異なるさまざまなじぶんがいる、つまりは人格の多重性ということである。

いまいちどくり返す。ひとはなぜ「多様性」を称揚しながら、「多重人格」を称揚しないのか。人格についてだけは「多様性」を病理だとし、「統一性」というあり方から離れようとしないのか。

わたしはなぜここにこうしていなければならないのか、ここではない別の場所になぜあってはいけないのか。そういうふうに問いながら、ひとは〈わたし〉というものの別のあり方に憧れる。ボードレールは「ANY WHERE OUT OF THE WORLD いずこなりとこの世の外へ」――個人的な趣味をいえば「この世の外ならどこへでも」という訳のほうが好きだ――という散文詩のなかで、ひとのそうした心根についてこんなふうに書いた。

この生は、病人のめいめいが寝台を代えたい欲望に取り憑かれている、一個の病院だ。せめてストーヴの正面で苦しみたいと思っている者もあれば、窓のそばなら癒るだろうと思っている者もある。

私は、今いるのでない場所へ行けば、かならず具合がよくなるだろうという気がするのであり、この引越しの問題は、私が絶えず自分の魂を相手に議論する問題の一つである。

——『パリの憂鬱』阿部良雄訳

痛いところを衝いている、たしかに。もしあの親の許《もと》に生まれたのではなく別のひとの許に生まれていたら、もし女としてではなく男として生まれていたら、もし日本語を話すこの国ではなく別の言語を話す別の国に生まれていたら……。これはかならずしも夢想ではない。与えられたじぶんの性にどうしても同化できず、じぶんの身体を「まちがっている」と感じてあがき、のたうつひとがいる。じぶんの感受性が描く軌道をどうしても認めがたいひともいる。そうした人びとは、できれば「私が生まれたよりももっと遠いところ、そこではまだ可能が可能のままであったところ」(九鬼周造)へと引き返したいと、烈しく願望している。その「可能」にその存在を賭けている。

ボードレールの「病人」たちも、あまたの別の場所を想起しながらも、最後は魂を爆発させ、「そして賢明にも」こう叫ぶのだった。――「いずこなりと！　いずこなりと！この世の外でありさえすれば！」、と。

世界の外？　それは〈秩序〉の外ということであろう。〈秩序〉の外では、〈わたし〉の存在の輪郭もまた崩壊してしまう。そう、同一性の外である。ANY WHERE OUT OF THE WORLD はたぶん、そういう場所をさして言われている。とすれば、〈わたし〉は世界の外についに出られないのだろうか。世界の外が同一性の外であるとすれば、世界の外に出た〈わたし〉はもはや〈わたし〉ですらないはずだからだ。

「国家」に直結する個

住まうところを自由に選ぶ権利、職業を自由に選ぶ権利、（婚姻しないこともふくめて）婚姻の対象を自由に選ぶ権利、そしてみずからの思うところを自由に表明し、議論する権利、そして信仰の自由……。「自由な社会」とは、その理念からみれば、個人（あるいはその集合）がその生き方を自由に選ぶことのできる状態にあることを基本として設置されている社会である。個人の「自由」を権利として掲げ、国家がそれにもとづいてさまざまの契約関係を社会的に制度化すると同時に、それが侵されていないかどうかを司法的にチェックする、そのような社会である。

これを別の面からいえば、「国家」という理念化された共同体に「個人」がじかに連結されるような社会のあり方が設定されたということである。選挙、納税、戸籍・住民登録、子弟の就学、海外渡航、違法行為などにおいて「法」に抵触する行為があったとき、ひとは「国家」というものにじかに接する。が、通常は、「国家」は国家内のさまざまな団体・組織の行為を規制するものとして機能しており、「国民」が個人としてじかに「国家」と対峙するという場面はむしろ少ない。

個人が「国民」として帰属する「国家」という理念的な共同体と、家族、地域社会、企業など個人が「市民」として帰属するもろもろの共同体とは、異なる共同体である。前者は制度として個人や集団を規制するものであり、後者はエートスとして個人と集団の行動を規制する。

しかし、それらは別々の場所で個人を規制するものではない。企業活動は言うにおよばず、個人がもっとも濃密なかたちで集合している家族にすら、「国家」は介入している。家族という制度（婚姻関係）のみならず、住宅の構造規制、公共施設・サーヴィスの利用といった場面で、家族は「国家」による規制を受ける。家族は、性を媒介にした人格的な集合の基本的な単位であると同時に、「国家」という制度の末端としての機能を併せもっているのであって、それゆえに、ときに戸籍や義務教育にみられるような共同的なものによる個人管理の最小単位(国家の細胞)であるとともに、国家による管理や規制に抵抗する最終的な拠点ともなってきたのである。後者は、かつては、子弟の徴兵や就学強制への抵抗として現われた。

逆に「法」によって組織された国家機関もまた、官僚・司直・公務員として、理念的な組織の論理に貫かれているわけではなく、そこには集団の慣習的な規律(＝掟)が浸透してゆく。官僚と企業や団体との談合であるとか、「ムラ社会」と呼ばれる政治家の利益共同体とか、「役人」の内部慣習とか、(軍律というよりもむしろ)軍隊社会の慣習や掟などは、国家理念とは別の次元で作動するものである。

共同性をめぐるこのような構図は、国家的なるものと私的なものとのせめぎあいとして表現されてきたが、おなじように、そうした私的なるものの共同利害にかかわる公共的な領域においても、国家的制度と地域社会の慣習(ときに特定階層や民族集団、宗教集団であることもある)が激しく対立する場面がある。

が、これらの対立や不正じたいが、最終的には国家の理法、つまりは「法」によって裁かれる。国家のこの理法に従わない者は、国家による保護を受けることもできない。「法」を侵す者、あるいは「国民」として「登録」されていない者は、国家の直接の統治下にある施設に収容されるか、その領土の外部へと強制退去させられる。要は、強制収容か放逐である。わたしたちの社会では「国家」が、さまざまな中間共同体の、最後の、そして最強の「掟」として機能しているわけであり、その意味では理念としての存在でありながら、「国家」はあくまで、「出入り自由」な社会ではなく、空間的な輪郭と構成員の定かな最大の共同体なのである。

もちろん、現代社会では、国家よりも大きな共同体が模索されていないわけではない。国家の枠をはみ出て発動するさまざまな多国籍企業やNPO・NGOが活動領域をますます拡大しているし、なにより「国連」という超国家的な連合機関もある。それらの活動は「国際法」の規制を受けるが、それらの法の妥当根拠はといえば、それは「人権」と呼ばれる理念である。人類社会こそ「最上級の共同体」(V・ジャンケレヴィッチ)として措定されているのである。とはいえ、現在、地球のそこかしこで起こっている民族紛争や国際紛争にみられるように、それぞれの国家が、あるいは民族グループがそれぞれに「人権」の承認とそれぞれの国家・民族社会の「安全」の要求を掲げて争っている。「人類社会」は理念として措定されているが、現実にはそれぞれの国家もしくは民族グループが、それぞれの視角からこの「普遍的規範」を掲げるというかたちで、正統性を競っているにすぎない。

「国家」が現在のところ最大の共同体であるとして、国家はその最小化（「小さな政府」）をめざす傾向にありながらも、個人を規制するものとしては、逆にその存在がより大きくなっている。それは、国家と個人のあいだにある中間共同体というものが力を殺がれてゆくプロセスと表裏一体をなす。じっさい、「家」をどうしても守らなければならないという意識、会社に忠誠を誓わなければならないという意識は、あきらかに後退してきている。「家」や会社、さらには地域社会といった生活共同体内のもめ事を、国家機関としての司直の手に訴えて調整もしくは調停を図る機会はあきらかに増えている。これは「個人の権利」が中間共同体に対してより強くなったということであるが、皮肉にもこれによって、個人が直接、「上級」の共同体である国家にふれる機会が増えていった。「家」、会社、地域社会のエートスや掟によりも、個人が「国家」的な掟への依存を強めるようになったのである。調停の主役は、それら共同体の長であるよりも、あるいはもめ事の解決を談義というかたちで図る当事者たちであるよりもむしろ、「国家」の規則になったということである。

地域社会の弱体化というのは、とりわけて根の深い問題である。通勤というかたちでの就労（職住一致の解消）、物流の広領域化（地域内での交換・物流の崩壊）、金融と販売のネットワークの全国チェーン化……。日常の消費行動も、そうした地域社会を超えたシステムにいわばぶら下がるかたちでしかなしえなくなっている。銀行、通信・放送サービス、大型スーパー、コンビニという全国に張られたネットワークを外れたところでは、個人の生活もとたんに滞る。

中間共同体の消失というのは、このように「国家」と企業ネットワークという二つの巨大システムが社会の微細な神経として、個人の日常生活をその隅々まで侵蝕してきている事実と相即するものである。個人はいま、家族や会社のしがらみに窒息しそうになっているというよりも、むしろ個としてむきだしのまま、巨大システムからなる「社会」なるもののなかをばらばらに漂流していると言ったほうが、すくなくとも現代人の大方の生活感覚としてはリアルである。

空疎な自己像

ボードレールの「魂」の問題から「国家」へと話が逸れたかのようにおもわれるかもしれないが、そうではない。わたしたちは前々章で、近代的な「自由」の概念が、主体の《自律》——内からの強制——、つまりは主体の自己自身との関係という一種の閉回路においてはじめて発効すると述べたが、これは主体が自己完結した「一」として表象されるということでもある。ボードレールにおいて問題となった「同一性」(の外)と、ここでの「一」とは、じつはおなじ問題なのである。わたしたちの社会にあっては、「一」がつねに秩序の原形式となるからである。

近代社会においては、個人は「国家」共同体を構成するユニット（「一」）とみなされる。さらに個々の「国家」は、国際社会においてはより大きな超国家的共同体（「国際連合」「宇宙船地球号」etc.）を構成するユニット（「一」）である。個人―国家―人類が入れ子のかたちでそれぞれに「一」を形成しているのである。（かつては個人と国家のあいだに家族と会社がさらに別のサイズの「一」としてあったが、現在は個人が国家に直結する構造がより支配的になっていることはすでに述べた。）

共同体としてのこの「一」の内部では、個々の構成分子としての「一」たちが、たがいにたがいを映しあう〈鏡〉の関係に置かれる。「共同体はすべて幻想の力によってこそ成立する」とはJ・クリステヴァの言葉であるが、近代の「国家」共同体は、個々の成員が共同体についての同一の理念を分有するなかで、それぞれの自己を同型的に構成してゆく。そこでは、個人は他の個人のうちで自己を再認する。社会を構成する単位（「一」）として。

これはあくまで理念レベルの問題である。個人の自己形成は、じっさいにはこうした理念との関係においてではなく、複数の特定個人に集極させられた、濃密で、かつさまざまに磁力やバイアスのかかる関係のなかでなされる。情愛や競合、しがらみや牽制、憎悪や施しといった錯綜する関係のなかでなされる。その意味で、個人の自己形成においてはなおも出自が陰に陽に効いてくる。こうしたさまざまの社会的文脈のなかでなされるのが、じっさいの個人の自己形成である。

が、理念レベルのことがらが制度として作動するところでは、理念的なことがら自体が、個人の自己形成の現実に大きな偏向をかけることになる。たとえば、個人が社会のユニットであるという共通了解から導出される理念に「平等」がある。「平等」はもともと「差別」の現実に対抗的に建てられたものであるが、「平等」の理念はより一般化してさまざまな社会的装置のなかに浸透していった。その制度化がもっともきつく効いてくる装置の一つが学校である。学校教育における平等主義、機会均等の思想は、子どもたちの自己形成に、親の職業や階層や収入に関係なく等しいチャンスを与えるという考えに立つものだが、それを別の言葉でいえば、子どもの自己形成を出自という外的条件からではなく、子ども個人の能力や努力のほうから評価するということである。こういう思想が教育現場に過剰適用されたところに、一方で成績の評価軸を一元化し、試験で選抜しながら、それを補完するかのように、それ以外のところ（たとえば運動会）では順位をつけないという奇妙な慣習が生まれたりする。

ここでは、子どもたちは個人として査定される。どのように「じぶん」を伸ばすか、どのような「じぶん」になるか、といったアイデンティティの問いにじぶんで責任をとらなければならなくなるのである。問題にされるのは個人の資質である。能力である。全員がおなじコースを歩み、おなじ仕方で査定される。そしてそのコースから脱落すれば、「自己」を形成する条件そのものを失ってしまう……。じぶんの所属する生活共同体から特定の役割をあてがわれることなく、生徒という、いわば社会的個人としての内容を欠いたモラトリアム状態にずっと置かれる。言ってみれば、抽象的な自己像しかもてないまま、「ない」とされる差異に現実にはじりじりと苛まれてゆくしかない。そういう場所に子どもは追いつめられてゆく。

須藤訓任《すとうのりひで》は、「Why be moral?」という問いをめぐる倫理学者たちの議論の応酬のなかで、「いじめ」にふれて、興味深い指摘をしている。

「平等化」は現代の民主主義の理念として、さらに追求されるべきものには違いない。がしかし、それが現に実現しているかのように前提することと、そのこととは区別されるべきだろう。「平等」が前提として「常識化」されるときには、「現実」とのあまりのギャップに苛まれたり、内容空疎な抽象的平等性が、まさに空疎なるゆえに、逆に圧迫となることも考えられるだろう。イジメの現象のいくつかは、その空疎なる圧迫に追い

詰められたあげくに、差異性・上下関係を捏造しようというアガキ・アエギとして理解できるのではないか（以下略）

——「Why be moral?」とは「なぜ悪いことをしてはならないのか」という問いなのか

こうした空疎な自己像による圧迫を解消するために、ここでもわたしたちはあの、「多様性」をたっぷりと孕んだ社会というイメージを導入しなければならないのか。それとも「一」という自己表象から切れることを、わたしたちは次に考えねばならないのか。

相対主義の問題

多様性という観念は、たがいの違いを認める、ひとを他に向けて開く、というようなイメージで、さして抵抗もなしに受けとめられている。差異の肯定、つまりは、生きとし生けるものを、あるいは文化を、それぞれの姿のままで肯定するということ、それがこの観念には込められている。もろもろの差異の存在をなにかある別次元の同一性のもとに回収するという《政治》に抵抗するものとして、多様性は非同一性の側にくみする観念であるというふうに受けとられている。現代社会では、多様性こそ《良心》の別名であるかのように。抑圧された（つまり、よく見えなくさせられた）少数派の擁護という点からは、《正義》の別名であるかのように。

が、多様性と言うとき、それを人びとはどのような地点から謳っているのだろうか。それこそ、それぞれに多様な場所からだろうか。それとも、多様性を超え、多様性を一望できる別の地点からだろうか。

たとえば、文化の多様性。多様であるからには、文化はたがいに異なる複数のあり方をしているということが前提とされている。しかし、たがいに異なる複数の文化が存在するというのは、そもそもどのような事態を想定して言われているのか。

もっとも単純な規定から見てゆく。D・スペルベルは、相対主義を批判する文脈で、相対主義の考え方を次のような命題にとりまとめている。いわく、《異なる文化に属する人びとは異なる世界に住む》(People of different cultures live in different worlds)、と。ひとは言葉とその意味とによって世界を分節し、解釈しながら生きている(たとえば北極圏に住む人びとにとって、わたしたちが白いと形容している雪も氷も白熊も兎も、みな異なる色としてとらえられていると言われる)。色の分節も、自然の事物や現象の分節も、あるいは家族や社会関係のあり方も、言葉と文化が異なれば当然異なる。世界はそれぞれの流儀において理解され、また組織されており、したがってそこでは世界はそれぞれに別様に現われているというわけだ。つまり、世界はそれじたいが多型的《ポリモルフ》な現象なのである……。

が、ここでひっかかってしまう。世界は多型的な現象であると言うときに、なぜ多型性を超えて、多型的に現出する一つの「世界」に言及できるのかというのが、まず最初に立ち起こる問いである。あわせて、異なる文化がなぜ(現にそうであるように)相互に翻訳可能なのかという問題もここには生じる。

たしかに、ここで問題になっているのは真理の複数性、真理の相対性という問題ではない。真理の複数性を唯一の真理として主張すること、真理の相対性を絶対的な真理として主張することが自己撞着に陥るのは、すぐにわかる道理である。ここで問題になっているのはむしろ、真理が真理であるための条件の複数性であり、相対性である。つまり、世界の現われは、それをなにか意味ある形象や出来事としてとらえる一定の「解釈図式」(たとえば思考のシステム、パラダイム、意味の組織 etc.)に相対的であるということが言われているのである。真理は一定の「解釈図式」と相関的なものだから、そして人びとはそうした特定の「解釈図式」のうちに住み込むことからその生を開始するのだから、当然、《異なる文化に属する人びとは異なる世界に住む》ということになる。するとここからは、異文化間の相互理解や交通は不可能であるという結論が導きだされるよりほかはない。あまたの相対主義批判はここにひっかかるのである。

そうだとすると、すべての世界現出はみな主観的なものであるということに、いいかえると、真理はつねにある特定文化が内蔵する「解釈図式」のなかで真であるにすぎないということになってしまい、結局は、この世に真理は存在しないという、懐疑主義や認識論的アナーキーしか帰結しないことになる。というわけで、真理の探究をミッションとする学問じたいがなりたたなくなる。それを回避するために対抗的に立てられるのが、異なる世界解釈のなかにもじつは「不変項」が存在するという議論である。相対的に見えるのは世界現出の「表層」におけることがらにすぎず、その「深層」にはかならずなんらかのインヴァリアントが見いだせるというのだ。つまり、「世界」の多様な現象形態の背後になんらかの「認知的な普遍」(cognitive universals) ないしは「道徳的な普遍」(moral universals) が存在するはずだというのだ。これに対しては、もちろん相対主義からの強烈な反批判がありうる。そうした認知や道徳における普遍(不変項の存在)は、それぞれの世界解釈の図式を超越するものとして、しかしあくまで特定の文化的地平のなかにある特定の「解釈図式」の内部で仮構された論理的な構築物にすぎない、だから、そこでいわれる「普遍」は、異なる世界解釈をもおのれの世界解釈のなかに翻訳・還元したうえで、まるで解釈図式を超えるかのように「普遍」を僭称しているにすぎないというわけである。

相対主義によるこの反批判は皮肉なものである。というのも、反相対主義者による相対主義の規定、《異なる文化に属する人びとは異なる世界に住む》をそのまま受け入れているからである。人びとはみずからが住み込んでいる世界の外についに出られないという帰結を、反相対主義者とじつは共有していることになるからである。

Anti Anti-Relativism

こうした議論の循環、ないしは相対主義と反相対主義の隠れた共犯関係に、いわば斜交いから異論を唱えるのが、クリフォード・ギアツの「反―反相対主義」("Anti Anti-Relativism", 1984)という論文である。anti anti-relativismとは、ある意味、きわめて屈折したスタンスである。それは、形式のうえでは、共産主義を信奉することなく反共産主義(マッカーシズム)を批判する議論、中絶の法的制限に反対する議論に賛同することなく反中絶論を批判するという議論に似た、いわば二重否定のスタンスをとる議論であって、「拒まれている対象を受け入れることなく、拒んでいるものを拒む」。

相対主義者と反相対主義者との論争は、分析上の議論というよりもむしろ「警告の応酬」だと、ギアツはいう。「身につきすぎ、評価しすぎといっていいくらいに過剰にみずからの社会を受け容れると、知覚が鈍り、知性が締めつけられ、共感が狭まってしまう」という、自文化を過大に見積もる「偏狭さ」(provincialism)への警告が相対主義者から反相対主義者に対してなされ、他方では、あらゆるものを受容することですべてが有意味となれば、それはすべてが無意味であるというに等しい、いいかえれば、理解できるものはなんでも許されるという、いわば「こころの熱射病」にかかっていると、反相対主義者は相対主義者に警告する。

ギアツがここでとくに批判のターゲットとするのは、反相対主義者にみられる「偏狭さ」である。相対主義者の議論を憂うときに反相対主義者が依拠しているのは、「人間《ホモ》」という「コンテクストに拠らない概念」である。「最小限の装備、本体価格だけの homo と、正味のみ、添加物一切なしの sapiens」へと約《つづ》められた、いわば文化ぬきの人間概念である。ここに持ち込まれるのは、自然主義的な説明をとるばあいなら「人間の本性」であり、合理主義的な説明をとるばあいなら「人間の心性」(お好みならば「知性」や「深層心理」と言ってもよいし、遺伝子や大脳の構造を想起してもよい)である。複数の文化をつらぬいて、そういう不変項もしくは「定数」が見いだされるはずだというのである。

もしそうだとすると、文化の多様性はこの「定数」からの「逸脱」の具合の多様性を示すものだということになる。その「逸脱」の具合はすぐに正常/異常という差異へとずらされる。その傾向を揶揄して、ギアツはいじわるな例を差し挟む。文化のコンテクストに左右されない普遍的な「人間の本性」を言うのなら、たとえば他人を嚙むというわたしたちの習性はどうか、攻撃としての嚙む、愛撫としての嚙むは正常で、偏執狂的な嚙むは異常なのか、と。「人間の本性」を「自然」として理解するなら、「サディズムはあまり力を入れて噛みすぎなければ自然である」というような珍妙な理屈になる。つまり、わたしたちの習性には「自然な自然」と「不自然な自然」とがあって、その習性が「適切に機能する」(function properly) かぎりは自然で、そうでないばあいは不自然だという議論になる。が、そもそも、ここで習性がどのように機能することが「適切」と考えられているのか、その「適切」の判断こそ文化のコンテクストに依存するものである。

「わたしたちは他の人たちの生を自分自身が磨いたレンズを通して見るのであるし、他の人たちもわたしたちの生を彼ら自身が磨いたレンズを通して見る」ということ、これが異文化にふれるときのもっとも基本的な事実であって、そうした接触のなかで「〈みずからの〉地平を設定しなおし、視野の中心をずらせる」ことも必然的に起こる。異なる文化との接触においてそのようにみずからを疎隔化するなかで、「わたしたちの感覚についての感覚」「わたしたちの知覚についての知覚」が変容しかけているときに、「世界の縁から転落してしまわないようにと昔の歌や昔の物語に立ち戻る」のは意味のないことだ。これがギアツの当座の結論である。

〈同化〉を超える思考?

「わたしたちは他の人たちの生をじぶんたち自身が磨いたレンズを通して見るのであるし、他の人たちもわたしたちの生を彼ら自身が磨いたレンズを通して見る」。これがまずは基本の事実であるとしても、この事実のとらえ方によって思考は左右に大きく隔たってゆく。というのも、この二つのレンズがそれぞれまったく不可通約的な構造をもつものだとすると、上の事実はそのまま、「わたしたちはしょせん他の人たちの生をじぶんたち自身が磨いたレンズを通してしか見られないし、他の人たちもついにわたしたちの生を彼ら自身が磨いたレンズを通してしか見られない」という事実を意味することになってしまうからだ。わたしたちはじぶんが見ている世界の外に最後まで出られない。そう、《異なる文化に属する人びとは異なる世界に住む》という、あのスペルベルの定式をなぞるしかなくなる。そうなると議論は出発点に舞い戻ってしまう。

わたしたちがもしじぶんが見ている世界の外についに出られないのだとしたら、多様性の称揚はそのまま、人びとは独我論的な世界をしかもてないという主張に反転してしまう。多様性の議論が、人びとを彼らの世界のなかに隔離し、幽閉しようという《認識論的アパルトヘイト》の主張になってしまう。

「他の人たちの生をじぶんたち自身が磨いたレンズを通して見る」とは、よくよくどういうことなのか。それがさらに吟味されねばならない。

他者を理解するということを、他者とおなじ考え、おなじ気持ちになることだと思っているひとは少なくない。はじめは、なんとも了解しようのない他者の考え、気持ち、習性にふれてとまどうばかりだが、少しずつそれになじみ、それをじぶんのケースに置き換えてゆくうちに、理解可能なものに変わってゆく、そして共有できるものがしだいに増えてゆく……。それが他者理解の過程だと考えるのである。これは、他の言語を一つ一つ自言語に置き換えてゆくなかで他言語をしだいに習得する、そのプロセスになぞらえて考えられている。

同郷人、同国人、おなじ言語を話す人、おなじ宗派の人……といったふうに〈同〉が地球市民にまで拡げられ、そしてそういう〈同化〉の延長線上で「人類」という考えに到達するというわけだ。反相対主義者が想定する「人間の本性」というものも、さまざまの異なる文化、社会にふれるなかで、人類についての一つの洞察として獲得されるというわけだ。相手を理解するために拠るべき媒体を何一つ見いだせない人たちを「異人」と呼ぶならば、「人間の本性」についての理解を得るというのは、「異人」がしだいに「異人」でなくなってゆくプロセスのことだということになる。

これにたいして、このような理解の深まりは他者理解の過程となんの関係もない、むしろそれは他者理解からますます遠ざかってゆく思考法だとつよく反撥したのが、エマニュエル・レヴィナスである。レヴィナスによれば、なにかある共通のものに与ることによって可能になる共同性は、「媒介者の役割をはたす第三項の周囲に必然的に生じる集団性」、つまりは「横並びの共同性」であって、それに対して他者との関係は、むしろ、媒介となる共通のものが存在しないところでこそ出現するものである。レヴィナスは言う。「自我と他人との不等性はわれわれを数として数える第三者に対しては現われることのない不等性である。この不等性は、自己と他者とをともに包摂しうる第三者の不在にほかならないからだ。……この根源的多様性は多様な個別性に対して生起するのであって、多様な存在の外からその数を数えるような一個の存在に対して生起するのではない」（『全体性と無限』合田正人訳）、と。これをいいかえると、不等性は「外的視点の不可能性」のうちにあるのであって、自他の関係をおなじ一つの始源からとらえることを可能にする特権的な平面は存在しないということなのだ。

それぞれに特異な者たちの関係をいわば上から俯瞰して、それを相互的・共同的なものとして取り扱うような第三者の思考、それをレヴィナスは「全体性の思考」だと言う。（かつてわたしが「全体という擬制——〈国家〉の存在をめぐって」という論考のなかで述べたことをここでおおよそパラフレーズさせていただくと）全体性の視点からとらえられた個人相互の関係は、個人にとってけっして他者との関係なのではない。他者はいかなるかたちであれ、「ある共通の実存にわたしとともに関与するもうひとりのわたし自身」なのではない。そのようにいわば中立化された他者の他者性は、〈同化〉の操作のなかで措定されたものとして、「自己同一性の裏返し」以上のものではありえない。ここでレヴィナスが撥ねつけるのは、包摂や綜合といった〈同化〉の操作である。要するに、なにかある共通性ないしは同一性のうちへと複数の主体を折り合わせることそのことの不可能性を手放してはならないと言うのである。多様性を〈同化〉の思考のうちへと回収するのではなく、「分離という絶対的位相差」に定位した思考こそがここでは求められている。人間を置き換え可能な存在と見るそういう「中立的」な視点を、レヴィナスが「根源的不敬」として厳しく斥けるのは、他者のそうした置き換え不可能な存在こそが、「多様なものを全体化する論理学に対して社会的多様性が示す抵抗」として救済されるべきだと考えるからである。「存在が俯瞰可能《パノラミック》な仕方で実存するのは全体性においてである」。そういう全体性の思考と絶縁することを、レヴィナスは求めている。

けっして交換可能ではないし、相互的な関係をも結びえない、そうした他者との関係は、いいかえるとたがいに「他」者であるような人たちの多様な存在は、ではどのようにして救済されるのか。ここでその多様性じたいを、複数主体の多様性として、多様なるものの外部からとらえるとすれば、それは拡張された〈同化〉のイフェクトでしかない。ここで多様性は、何かとしてまとめることのできない多様性であるはずだ。より一般的な何かのなかで綜合することも、ともに別の何かへと還元することもできない、そういう根源的に複数的なものの存在、それを保持することが多様性の経験であるとするならば、逆説的にも、その経験は他者との共同の経験のなかにはないということになる。共同の経験は、たがいに通約不能なもの（共通の分母をもたないもの）を無理やり同一のものへと縫合するものだからである。逆にここで保持されるべきは、たがいに融合しえない特異なもの（singular ＝単数のもの）どうしの、通約されることのない関係の経験である。それぞれが特異なものである者どうしが、たがいの存在をその特異性へと送り返すという出来事の経験である。

言ってみれば、他者を理解するといういとなみは、他者とのあいだに何か共有できることがらを見いだすというかたちで拡張されてゆくものではなく、他者にふれればふれるほどその異なりを思い知らされる、つまりは細部において差異が、それぞれの特異性が、きわだってくるということの経験を反復することから始まるということだ。それが他者の存在にふれるという出来事であるとして、では、他者をその他者性において保持するそうした他者理解というものは、つまるところ他者と交わることはないのか、他者とたがいに侵蝕しあうという出来事は起こりえないのか。

原文なき翻訳

「わたしたちは他の人たちの生をじぶんたち自身が磨いたレンズを通して見るのであるし、他の人たちもわたしたちの生を彼ら自身が磨いたレンズを通して見る」、そうギアツは言っていた。わたしたちのまなざしはつねにそのようなレンズ（＝解釈図式）越しに世界にふれるのであって、レンズを外せば何も見えない。その意味で、わたしたちはつねに特定文化が内蔵する解釈図式のなかに「住み込んで」いるのだとすると、わたしたちが他者たちの生を他者たちのレンズ越しに見るということはついに不可能なのだろうか。

浜本満は、「架橋不可能な異文化という概念は言語の特性に対する誤認のパロディーとしてのみ成立する」として、こう述べている。

相対主義者と反‐相対主義者のあいだで戦わされる不毛な応酬（中略）がともすればなおざりにしているのは、言語が自らのうちに自分自身との「ズレ」を含み、また不断にそうした「ズレ」を生みだすことによって特徴付けられる体系である、という言語に関するきわめて基本的な事実である。詩人の活動がこれを最も端的に例証しているが、なにも詩人をもちだすまでもなく、我々の日常的な言語使用の過程もけっしてそれと無縁なわけではない。子供が大人の成熟した概念を修得する以前にその言語を用いて語ることを学び始めるという事実自体、そもそも我々が言語を本来「ズレ」たものとして修得しはじめるのだということを明瞭にものがたっている。この「ズレ」はつねに相対的なものである。つまり、確かに一集団内での言語使用の総体が比較的安定した体系を指向しているということは言えるとしても、言葉の「本来の用法」だとか「文字どおりの意味」だとかを仮定したり確定しようとする努力がつねに困難に陥るという事実が示しているように、「ズレ」がそれとの関係で測定できるような絶対的な規準、不動の中心はアプリオリには存在しないのである。異文化理解や、他者理解、詩の理解がそもそも可能なのも、そしてブロックのような人類学者が「普遍」について語ることができるのも、自らのうちに「ズレ」を産出し、言語使用者にそれを存分に駆使することを許す人間言語のそうした特質のおかげなのだ。

——浜本満「文化相対主義の代価」

浜本の行文をなぞってゆくうち、わたしたちは、「わたしたちは他の人たちの生をじぶんたち自身が磨いたレンズを通して見るのであるし、他の人たちもわたしたちの生を彼ら自身が磨いたレンズを通して見る」と言う以前に、わたしたちはじぶんたちの生をもじぶん自身が磨いたレンズを通して見ているのだということに気づかされる。そしてそのレンズはけっして「正しい」曲面をえがく光学レンズのように光線を一点に収斂させるものではなく、ざらついて光線を不規則に屈折させるものなのだ。浜本がつづけて書いているように、「確かにどのような言語もそれによって語りうる現実しか語りえないとはいえ、唯一の現実をしか語りえないような言語もまた存在しない」。わたしたちはおなじ言語を話していても「あなたの言っていることが分からない」という経験をくりかえしする。使用する言語がおなじだからといって、世界の解釈図式を共有しているということにはならないのだ。とすれば、別の言語文化にそれ固有の、成員によって共有された解釈図式を想定することも意味がないということになる。あるいは、「他の人たち」、他の言語文化に接触することで、じぶんのレンズの屈折率が変えられてしまうということもふつうに起こりうるということになる。

このようにレンズにはさまざまの偏差が刻印されているのであって、この偏差は他との遭遇によってさらにさまざまの偏差を呼び込む。複雑に増殖してゆくその偏差の総体を、なにかある「特性」として括り上げることはできない。わたしたちが「日本人」と言われても、「男」あるいは「女」と言われても、「大人」あるいは「子ども」と言われても、どうしてもそうした括りがしっくりこず、どこかそれをはみだす、あるいはそれからずれていると意識してしまうのもそのためだ。

文化には、原文などというものはなく、したがって他の文化の翻訳ということもありえない。しいて言えば、他なるものとの遭遇においては《原文のない翻訳》があるばかりなのである。このことは個人としての自己理解・他者理解についても言えることであろう。ここで問題なのは、他者がつけているレンズの屈折率をみずからのレンズの屈折率のなかに翻訳することではなくて、翻訳不可能なものの存在との接触がみずからのレンズの屈折率そのものをずらし、変えてしまうという、その変換の出来事である。

そこで、人格の多様性という、わたしたちがはじめに掲げた問題に戻る。ひとは一人ひとり異なる個性をもつ、それゆえに多様だというのは、もし、その個性が発現するその源をそのひとの「内部」に仮構し、それについてはわたしにはうかがい知れない、つまりわたしの解釈図式への翻訳という操作によってしか近づけないというふうに考えるならば、他者への〈共感〉とは、自他の相互隔離（アパルトヘイト）にしかならない。他者を仮構された「他者」自身のうちに幽閉するということにしかならない。他者性の尊重という議論にはこういう危うさが含まれる。それは「他者の自己に対する超越性」を「自己の他者に対する超越性」へとふたたび転倒してしまう結果にしかならない。「わたし」という人格そのものの多様性についてはどうだろうか。人格はほんとうにつねにおなじものでなければならないのか。それは他者たちもそれを期待する同一的なものへとつねに「統合」されていなければならないのか。たしかにわたしたちの社会の法的な秩序はそれを要求する。それがなければおよそ秩序の根幹にある「帰責」ということが成り立たなくなって、社会は瓦解してしまう、と。

けれども、「わたし」として統合された人格は、あくまでそのつど統合されてあるのであって、もともとそのような人格がそれとしてあるわけではない。生きるというのは他なるものとのたえざる遭遇のなかにあるということであり、そのつど「わたし」の存在は綻び、繕いなおされるものである。そのつど多方向に逸脱し、さらにそれを微修正してゆくというかたちでたえず編みなおされるものである。繕いも編みなおしもかなわず、ときに弾けてしまうこと、瓦解してしまうこともある。いずれにせよ、「人格の統一」という正常態とその異常態としての「多重人格」があるのではなく、したがってまた正常／異常を測る不動の規準というものがあるのではなくて、人格はつねにその偏差を生み、またそれを組み換える不断のプロセスのなかにある。その意味で人格は、「統一」態として閉じることはない。それはいつも、幾重にも齟齬を内蔵し、それらに引き裂かれるとともに、「自」という刻印すらさだかでないさまざまの辺縁や欄外に溶けだしている。にもかかわらず人格が同一のように見えるのは、他者たちのあいだで、いろいろな他者からの期待や拘束を受けながら、ときにはそれに応えるべく偽装しながら、ときにはそれをうまくかわしながら、生きのび、みずからの存在を操縦してゆく「自己」のポリティックスがそこに執拗にはたらくからだ。

わたしは「日本人」ないしは「非日本人」ではなく、ときとしてそれらになるのだ。わたしは「男」または「女」であるのではなく、それらになるのだ。それらになってきたのだ。

9　ヒューマン——「人間的」であるということ

「ヒューマン」であるということ

ヒューマニズム。人間主義。それは、「人間」というものに、他の何とも替えることのできない固有の「尊厳」を見いだす思想である。ひとがどのような境遇にあろうとも、すなわち、どのような階層に属し、どのような国籍、性別をもち、どのような年齢にあろうとも、それら一切とかかわりなく、「人間」としてその存在が尊重されねばならないとする思想である。「人権」(human rights) という観念もここに由来する。しかし、この「人間的」(human) という審級は、どこにその根拠をもつのだろうか。

ここで、「人間的」という、ひとのあらゆる権利の最終的な尺度となっている概念は、概念として奇妙な性格をもっている。それは、アプリオリなものとして構成されたものだからである。アプリオリに存立しているのではなく、アプリオリなものとして構成されたものであるということは、それが人間自身によってもっとも根源的な価値として選択されたということであり、さらに、その選択する主体が「人間」としておのれを捉えなおしたということである。

ひとの存在は、「人間である」というただそれだけの理由で尊重されねばならないという、このアプリオリな権利は、そのひとがたまたまここに生まれ落ちた、このように生まれ落ちたという偶然的な境遇に左右されることなく、そのひと自身に認められるものである。先にわたしたちは「ひとがどのような境遇にあろうとも」というふうに言ったが、文法でいうその譲歩の条件を、レヴィナスはさらに細かくこう枚挙する。この権利は、「自然の活力の盲目的な分配のなかでの、各人間存在の最初の取り分たるどんな力とも、数々の社会体とも無関係であると共に、人間的個人がその努力や、さらにはその美徳によって獲得しうるであろうような功績とも無関係で、どんな〔権利の〕授与にも、どんな伝承にも、どんな法解釈にも、特権や威厳や称号のどんな配分にも、意志——不当に理性たらんとする意志——によるどんな聖別にも先だっている」(『外の主体』合田正人訳)、と。

けれどもここでいう「人間」とはどのような存在のことなのか? スポーツ選手でもサラリーマンでも役人でも主婦でもアーティストでもない人間、日本人でも中国人でもロシア人でもフランス人でもブラジル人でもない人間、家族でも同僚でも同郷人でもない人間とは?

ここで下敷きにされている「人類」(mankind/anthropos)としての人間の概念について、ジャンケレヴィッチはこう疑義をはさむ。「《人類愛》は逆説を含んでいる。というのは、人間一般を、人間であるというだけの理由から愛するのは《矛盾を含んでいる》からだ」、と。「人権および人間の義務の道徳上の主体である人間、この人間はああこうとみなされる人間、あれそれの人間、要するに〈として〉(quatenus)の人間ではなくて、端的純粋に人間、他の明細も特記もない人間、〈として〉なしの人間だ。(中略)人間が人間であるという事実を愛する愛、だれかを愛するように人類を愛し、人一般をわけも分らずに愛し、人に化身した人類、人類の次元まで拡張された人を愛するこの愛はあきらかに逆説をはらんでいる」(『道徳の逆説』仲沢紀雄訳)というのである。

「だれかを愛するように人類を愛し……」?　だれか個人を愛するときであれば、そのひとが有する属性にたいしてまったく無関心であるような愛が可能なのだろうか。

ジャンケレヴィッチよりもさらに辛辣に、十七世紀のひと、パスカルはだれかへの「愛」についてこう語る。

だれかをその美しさのゆえに愛している者は、その人を愛しているのだろうか。いな。

なぜなら、その人を殺さずにその美しさを殺すであろう天然痘は、彼がもはやその人を愛さないようにするだろうからである。そして、もし人が私の判断、私の記憶のゆえに私を愛しているなら、その人はこの「私」を愛しているのだろうか。いな。なぜなら、私はこれらの性質を、私自身を失わないでも、失いうるからである。このように身体のなかにも、魂のなかにもないとするなら、この「私」というものはいったいどこにあるのだろう。滅びうるものである以上、「私」そのものを作っているのではないこれらの性質のためではなしに、いったいどうやって身体や魂を愛することができるのだろう。なぜなら、人は、ある人の魂の実体を、そのなかにどんな性質があろうともかまわずに、抽象的に愛するだろうか。そんなことはできないし、また正しくもないからである。だから人は、決して人そのものを愛するのではなく、その性質だけを愛しているのである。

——『パンセ』断章323、前田陽一・由木康訳

国籍や性別、職業や社会的地位とは無関心にというだけでなく、美しいから、賢いから、思いやりがあるからという理由でだれかを愛することも偽りであると、パスカルは言うのである。それらは「私」そのものではないから。しかしそれらの性質に無関心なまま「抽象的」にだれかを「ひと」として愛することもできない。こう言ったあと、パスカルは皮

肉いっぱいに続ける。「したがって公職や役目のゆえに尊敬される人たちを、あざけるべきではない。なぜなら、人は、だれをもその借り物の性質のゆえにしか愛さないからである」、と。

「だれ」にもなりえないひと

ジャンケレヴィッチが、パスカルが、「抽象的」な存在だといった「人間」、つまり極限にまで社会的属性を剝ぎ取られた「人間」が、わたしたちの時代にはおそらくは幾千万人といる。ときに家族と別れ、故郷から離れ、ときに仲間と別れ、故国から離れ、そしていかなる国家にも社会体にも属することなく、あらゆる法と権利の外に置かれた「亡命者」たちであり、「難民」たちである。国籍を失うことで、あるいは放棄することで、彼らは「国民」としても「市民」としても認められることなく、すべての権利の外に置かれる。つまり、あらゆる社会的属性を剝ぎ取られた「抽象的」な人間がなにがしかの権利行使をできるような空間は、「国民国家」として秩序立てられたわたしたちの社会にはない。ここでは「無国籍者」は、帰化を受け容れるか本国送還されるしかない。G・アガンベンは『全体主義の起原』におけるH・アーレントの言葉を引きつつ、次のように書いている。

ここでの逆説は、すぐれて人権を体現しなければならないはずの形象――難民――が、反対に、この概念の根源的な危機のしるしになっている、というところにある。ハナ・アーレントは書いている。「人権という構想は、人間そのものの実存とされるものに基礎を置いていたが、この構想は、人権を唱道する者が、人権以外のあらゆる特質や特定の関係を――人間であるという純粋な事実を除いて――真に失った人間とはじめて向かいあった途端に瓦解した。」国民国家の体系においては、いわゆる聖なる不可侵な人権は、それが一国家の市民の権利という形をとることがもはやできなくなった時から、あらゆる後ろ盾を奪われている。

――『人権の彼方に――政治哲学ノート』高桑和巳訳

国民国家は、「人間」が「市民」（国民）と同一視されるような空間として措定された。人権をめぐる法的保護は、人びとの存在がそっくり「国家」という空間に収容されるときにはじめて発効する。つまり、「権利が人間に与えられるのは、人間が市民の登場とともに即座に消滅する前提である（人間は人間としては決して明るみに出てはならない）限りにおいてでしかない」（アガンベン、前掲書）というわけである。

「市民」ではなく「居留者」でしかない人びとは、他にもおびただしくいる。「市民」としての登録をしていないという意味では、出生記録のない子どもたちが「人間的」な権利の外に置かれ、場合によっては、出稼ぎ労働者たち、ホームレスたちがやはり多くの「人間的」な権利を奪われている。しかし、ひるがえって、「市民」であるわたしたち自身はどうなのだろう。「市民」として認容されてあるかぎり、つまり出生や婚姻の記録、住所や勤務先の登録、保険や年金への加入を前提としてはじめて「人間的」な権利を行使できるのだとすれば、「人間的」であることは、パスカル流にいえば、「わたし」の権利ではないことになる。つまり、「借り物の性質のゆえ」に認められた「市民」としての権利でしかないことになる。「市民」であるわたしたちは、あらゆる属性を剝ぎ取られた「抽象的」な人間とは異なる意味で、「借り物」だけの、ついに「わたし」にはふれない「抽象的」な人間なのではないだろうか。「人間」は、「国家」という秩序の外でも内でも、「抽象的」であるほかない存在だということにはならないか。「権利が人間に与えられるのは（中略）人間は人間としては決して明るみに出てはならない限りにおいてでしかない」というアガンベンの発言には、そうしたことも含まれるようにおもわれる。

とすれば、わたしたちもまた、「市民」である以前に「亡命者」であり「難民」であるという、そのような認識の場所から、もういちどおなじ問題を問い返す必要が出てくる。いま、「わたしたちもまた」とあっさりと書いたが、その「わたしたち」がだれかという問題が浮上してくるのである。家庭というものの存在が根底から問いなおされ、地域社会というものの存在を前提としてみずからを問いただすことがしだいに困難になってきているいま、わたしたちは、家族や地域社会という、「国家」への登録の基礎単位じたいが大きく流動化しているのを知っている。あるいは、じぶんが根源的に何に属しているのかがますます不明になりつつあると言ってもよい。「わたしたち」もまた、たえず移住もしくは避難しつつ、たまたまこの居留地において、じぶんを騙しながら生きているだけかもしれないのだ。

焼け跡という形象

「人間的な言い方で言い得る唯一の規定は、完璧の非人間性、ということである」という文章を含む日野啓三のエッセイ「焼け跡について」（『近代文学』一九五五年）のなかに、次のようなくだりがある。

もし偲ぶべき古きよき日々を知っていたら、現在を諦めることもできたろう。思い描くことのできる未来や外国の例を知っていたら、戦争に絶望することもできただろう。だが私たちは戦争だけが世界で、現在だけが人生だった。憧れ、諦め、幻滅、自棄、絶望感――そうした感傷によって自らを慰める術さえ私は知らなかったのである。私たちの知っていたのは、確実な死を前にした勤労動員の重労働の日々をむなしく耐えること。地面に放り出された一個の煉瓦のように、物の無気味さと確かさをわがものとすること。

わたしのために存在するのではない、それぞれが崩れ落ちた煉瓦のような物たちの存在に、「人間のこしらえあげる諸々の意味の曖昧さ」よりもはるかな確実性を感じ、こう述懐する日野。――「《何故私はこのように非人間的なものに親近を感ずるのか》という問いを押し殺しながら、私は敗戦後の十年を生きてきた」。韓国へ、そして戦火のベトナムへ特派員として派遣される前の、読売新聞社外報部にいたころの文章である。

「憧れ、諦め、幻滅、自棄、絶望感」……。そうしたあまりに「人間的」な感情から切断されたところで「むなしく」重労働に耐える日々、しかしその「非人間的」な時間に深く魅せられている日野の心象は、時を経て、そしてみっともないくらいに平板化されて、現代人の日常にも沁みこんできているようにおもわれてならない。ひとの存在が「数」としてカウントされ、その生の台座であるはずの身体が医療という技術の「対象」として措置される様は、わたしたちに、じぶんがほとんど「地面に放り出された一個の煉瓦」のような存在でしかないと感受させるからだ。そして、わたしたちはそこに、「憧れ、諦め、幻滅、自棄、絶望感」といった「人間的」感情よりも確かなものを見ている……。

じっさい、「人間」の本質として考えられてきたことども、たとえば知性であるとか発話であるとか遊戯であるとか道具使用であるとかに、わたしたちは「人間性」の揺るがしえない基盤を見なくなっている。システムとかテクノロジーといった「非人間的」なものがそれらにあまりにも深く食い入ってきて、何が「人間的」かが見さだめがたくなっている、というのが一つの理由である。システムの覇権やテクノロジーの過剰はいまも往々にして、それは「人間性」を本来のあり方から逸脱させる、もしくは毀損するものだと、「人間性」の名のもとに断罪されるが、しかしこのシステムやテクノロジーの操作において、あるいはそれの享受において、どこまでが「人間的」であるかはだれにも確定できない。内田隆三が言っていたように、「一つの技術が過剰な戯れであるか、人間の形象に適合する操作であるかを判断する基準は相対的であり、人間についての支配的な言説の秩序に依存する」（『消費社会と権力』）ものである。

何が「人間」として普通のことかについて、前章でわたしは、ギアツの議論を引きながら、おおよそ次のように書いた。——文化のコンテクストに左右されない普遍的な「人間の本性」を言うのなら、たとえば他人を噛むというわたしたちの習性はどうか、攻撃としての噛む、愛撫としての噛むは正常で、偏執狂的な噛むは異常なのか。「人間の本性」を「自然」として理解するなら、「サディズムはあまり力を入れて噛みすぎなければ自然である」というような珍妙な理屈になる。おなじように節約することは美徳だが吝嗇《りんしょく》までいくと悪徳になる。アルコールは嗜《たしな》みとしては健全だが、依存症になれば病気である。精力がないのは異常であるが、ありすぎるのは普通でない。愛されたいけれど、愛されすぎると怖い、云々。つまり、わたしたちの習性には「自然な自然」と「不自然な自然」とがあって、その習性が「適切に機能する」かぎりは自然で、そうでないばあいは不自然だという理屈である。が、そもそも、ここで習性がどのように機能することが「適切」と考えられているのか、その「適切」の判断こそ文化のコンテクストに依存するものであろう。が、この文化のコンテクストじたいがきわめて流動化してきているのが現在である。「人間的」といわれるものは、コンテクストによって自然とも不自然ともなる。人間的とも非人間的ともなる。また、その内深くに非人間的なものを内蔵している。非人間的になることでかろうじて人間的でありつづけているという面もある。とするならば、人間に固有なことは、「人間的」として確定できるものがないことであると言い切ったほうがいいのだろうか。

natural と normal

「サディズムはあまり力を入れて嚙みすぎなければ自然である」という、先に引いたギアツの戯れ言めいた文言は、たしかに奇妙である。「自然な自然」と「不自然な自然」——。「人間的」という観念は、こんな奇妙な対立のあいだを揺動するそれじたいが不自然な観念なのだろうか。

「自然な」という観念には、「自然の本性からくる」ないしは「自然の本性に適った」という意味とは別に、もう一つ、「普通」とか「正常な」という意味も含まれている。natural に対する normal である。これは人間の自然本性（nature）にもとづくというのではなく、時代あるいは社会の一定の規範（norm）に適っているということである。次にこの後者の意味のほうから、「自然な」ということについて見てみよう。

倹約することは美徳だが吝嗇までいくと悪徳になる。アルコールは嗜みとしては健全だが、それなしで一刻も過ごせなくなると「中毒」や「依存症」という病気である。精力があるのは普通であるが、ありすぎるのは普通でない。愛されたいけれど、愛されすぎるのは怖い。そのような例を先にあげたが、正常なふるまいも、正常すぎると異常だというわけなのだろう。そうすると、問題になるのは、過剰、もしくは過少である。つまり、「〜すぎる」ということ。普通のことをしすぎると、あるいはしなさすぎると、もともと普通とされたものがそのまま普通でなくなる。

そもそも「正常」ということは定義が難しい。おかしなところがないこと、つまり異常なもの、異例なところがないこととしか言いようがない。逆に「異常」は正常でないこととしてしか規定できない。ここのところは、自/他という概念対とよく似ている。「自」とは「他」でないこと、「他」とは「自」でないことである。この鏡像性に注目したところから、「自己」とは「他者の他者」のことであるという、ヘーゲルやキェルケゴール流の弁証法的な規定も出てくる。

なだいなだは、「くるい」をめぐるある対話篇のなかで、登場人物に次のように言わせている。

自分がクルッテイル場合は、世の中クルッテイルとしか、感じるほかはないんだ。世の中が実際にクルッテイル場合も、そう感じられるだろうし、世の中がクルッテイなくとも、自分がクルエば、世の中がクルッテイルように見える。どっちみち、ぼくたちは、世の中がクルッタとしか、見ることができないんだ。

あるいは、

クルッテイナイ時も、当然おれはクルッテイナイと思っているし、クルッテイル時も、おれはクルッテイナイと思っている。／（中略）すると、ぼくたちにできるのは、クルウのではないか、と心配することだけなのか。――なだいなだ『くるいきちがい考』

じぶんと外界とのあいだでことごとく関係の齟齬が生じているとき、ひとは「世の中」がクルッテイルと感じる。じぶんがクルッテイル場合も、クルッテイナイ場合も、「世の中クルッテイル」と思う。とすると、クルイはなにかある実体の性質ではなく、関係の齟齬もしくは撞着の一様態だということになる。

異常とは、正常の過剰もしくは過少であると先に言ったが、正常から異常へのこの反転には「おかしい」という感覚がともなう。ただし、その人物の行動や状態を外から見て、である。本人から見れば、いずれにせよ外界、つまり「世の中」がクルッテイルのだからである。

外から見てある行動や状態が「おかしい」と感じるのは、それが正常とされる閾を逸脱している、もしくはしかけているからである。この逸脱というかたちでの変化の発生を感知したとき、それへのいわば警戒心として、「なんか、おかしい」という感覚が生まれる。なにかただならぬ方向に舵を切っているように感じられるのだ。ただしこれは、さしあたっては曖昧であやふやな感覚である。「なんか、おかしい」「どことなく、おかしい」のだ。

それは何かからの逸脱ではあるが、何からの逸脱であるかがさだかには見えないからだ。

解釈の規則

「われわれにとって不可能でないものを、不可能たらしめるのは、習慣である」。こう書いたのは、『エセー』のモンテーニュである。その、「習慣」によって不可能なことの一例を「きれい」という感覚に見てみよう。

R・D・レインは、わたしたちが何かを飲むときに、四通りの方法があるという。

(i) 口の中の唾をのむ。
(ii) コップ一ぱいの水を手にする。そしてそれをすすり、飲む。
(iii) コップの中に唾をはき、唾と水を飲み込む。
(iv) いくらかの水をすする。それをもとにもどし、あなたがはき出したものをすすり、のみこむ。

——『家族の政治学』阪本良男・笠原嘉訳

(i)(ii)は「普通」の飲み方である。が、(iii)(iv)の飲み方にはだれもが反射的に「きたない」と反応することだろう。けれどもよく考えれば、じっさいに喉を通過するものはおなじ、水と唾液だけである。とすれば、「きたない」という即座の反応は、何を飲むかという内容の問題ではなく、飲むという行為をめぐるわたしたちの解釈から派生しているということになるだろう。

(iii)(iv)が(i)(ii)と決定的に異なるのは、水と唾液が口を出入りする点だ。身体の内部にあるはず(あるべき、というべきか?)のものが外部へと出され、内にあるはずのものと外にあるものとが混じりあって、さらにもういちど内部に吸収される。身体の〈内〉と〈外〉との境界が蹂躙され、曖昧になる。このことは、糞便や尿、洟や痰など、わたしたちの身体の内部から排出ないしは分泌されるものについても言える。あるいは、髪や頭皮、皮膚といったわたしたちの身体の一部もまた、わたしたちの身体から剝落したときには、抜け毛やフケ、垢といったぐあいに「きたない」ものにされる。同一のものが、状況が変われば正反対の価値を負わされることになるのである。

同様のことは、さらに食のタブーにもあてはまる。この世にある生き物でわたしたちが食べられないものというのは、生理的にはほとんどないはずなのに、わたしたちが日常食するのはきわめて限定された生き物だけである。動物なら牛や馬、兎や鹿といった類だけである。象もキリンも、アルマジロもライオンもひとは食べない。犬や猫も食べない。人間も食べない。これらにはそもそも食べたいという気すら起こらない。それらの正体を知らされねば食べてしまうのに、である。じぶんたち自身、じぶんたちの擬似家族（ペット）、遠方の異邦の生き物、これらはタブーの対象となる。食することができるのは、近隣の生き物、家畜や里の小動物だけである。ここにはたらいている解釈の規則は、自己（および自己の一部となっているもの）とまったき他者としての動物はタブーの対象となるというものである。

「きたない」という感覚を喚び起こすもの、タブーの対象となるもの、これらを決定づけているのは、「わたしたち」の解釈の規則である。わたしたちは、目の前にあるもの、周囲にあるものを、「何か」として解釈し、区分けしながら生活している。たとえば現実と非現実、じぶんとじぶんでないもの、生きているものと死んだもの、よいこととわるいこと、大人と子ども、男と女……というふうに。こうした区分けの仕方を他のひとたちと共有しているとき、わたしたちはじぶんが「普通」だと考える。他方、わたしたちが共有しているはずの意味の分割線を混乱させたり、不明にしたり、無視したりする存在に出会ったとき、たとえば他人のものをじぶんのものと言い張るひと、じぶんの身体がじぶんのものと感じられないと言うひと、「男」なのに「女」の衣裳を着るひと、人間以外のものを性的な対象とするひとなどに出くわすと、彼らを、別の世界に生きているひとというよりは、わたしたちとおなじこの世界にいながら「普通」でないひととみなす。

なぜか。なぜわたしたちは、こうした意味の境界線にこのようにヒステリックに固執するのだろうか。それはおそらく、わたしたちが「〜である／〜でない」という仕方でしかじぶんを感じ、理解することができないからである。そうした意味の分割の仕組みのなかにうまくじぶんを組み込むことができないとき、おのれの存在の明確な輪郭を失ってしまうからである。おのれが崩壊するという、そういう動向を押しとどめるために、「きたない」「怖い」、そして「おかしい」という感覚が起動すると言ってもいいだろう。

そのとき、である。皮肉にも、ひとが「おかしく」なるのは。相手を黙らせ一方的にしゃべったり、会話のなかで過剰なまでに論理的になったり、いつもおなじ時間、おなじ場所でおなじ行動をとらなければ不安になったり……。ひとには理性的でありすぎることによってクルッテしまうことがあるように、過剰に論理的、過剰に規則的であることによって、「わたしたち」の「普通」から浮き上がってしまうことがある。パスカルはかつて人びとにこう警告していた。――「二つの行き過ぎ。理性を排除すること、理性しか認めないこと」。

この「わたしたち」の「普通」とは何だろうか。粗く、他者たちとおなじ世界解釈の規則を共有している状態と言うことができるかもしれない。ひとは他者たちとおなじ解釈の網目のなかに住み込むことによって、「普通」を手に入れる。これは考えてみれば、狐つきとおなじ。つまり、世界を前にしてある特定の解釈に憑かれることを意味する。そしてそれらに深く憑かれれば憑かれるほど、それが特定の解釈であることを忘れ、それらをとおして見えるものが世界の実像だと思い込んでしまう。他の解釈の可能性が払拭させられるのだ。そうして世界はますます硬いものになってゆく。揺るがない確固としたものという意味でも、融通がきかない硬直したものという意味でも。

そうすると、「普通」の成立には、それに「われを忘れて」耽溺するということが、あるいは「われを忘れて」なにかに没入するということが前提になっていると言うこともできそうである。そう、ふだん「悪習」や「悪徳」としてカテゴライズされるふるまいが、「普通」の前提になっているということである。

「さっぱりわからん」と「おまえはアホか」

「わたしたち」の社会では、きれい好きは推奨されるが、ちょっとでもきれいでないところがあれば耐えられないという感受性は、不潔恐怖症として「病気」の一つに数え入れられる。そのことについて、先にも引いたなだいなだは、こう書いている。

不潔恐怖をクルッテイルというなら、ぼくたちも部分的にクルッテイルことになる。そして、タブーのたくさんあった昔は、現代よりも、クルイの部分がずっと広範囲だったとも見ることができるだろう。とすれば、文化というものは、全体にクルイの型をはめるものだった、ということもできるのさ。ぼくたちがクルイと呼ぶものの中には、そうした文化的背景をなくした、古い文化的行動もふくまれているわけだ。アルコール中毒とか神経症などでは、文化との関係がはっきりと見てとれる。しかし、精神病と呼ばれているものになると、それが漠然としてくることはたしかさ。しかし、狐つきなどのクルイが消え、分裂病のようなクルイ、型のはっきりしないクルイが多くなったことなどから、やはり文化とクルイの関係があることだけは見てとれる。むかしは、クルウにも一つの型にはまってクルッタ。いやクルッテいなくてはならなかった。そうでなければ逆にクルッテルといわれた。現代では、個人個人ちがったクルイ方をする。

なだのように考えると、クルイの型はその時代の「わたしたち」が共有する世界解釈の規則によって構造化されていることになる。クルイの型がこのように解釈の枠によって逆構造化されているというのは、クルイが外界との関係の齟齬もしくは撞着であることからしても見えやすいところである。解釈じたいが外界との関係の媒体、それももっとも根源的な媒体《ルート・メディア》であるのだから。

ここでふと思い出すのが、だんじりで有名な岸和田で育った友人がある日、ふと口にした言葉だ。岸和田というのは、通知簿1と5の親友が毎日わいわいやかましくやっている街だと、彼、江弘毅は言っていた。カタログ情報をやたらと気にして通知簿3ばかりで生きる人生に対して、1の奴は「さっぱりわからん」と言い、5の奴は「おまえはアホか」で終わり。岸和田はそんな街だ、と。

ここでカタログ情報をやたらと気にする連中というのを、いま、わたしたちがいう同時代の解釈の枠にみずからを深く（ということは、こざかしく）組み入れている人たちというふうに考えれば、江の発言の意味するところは、彼らこそいちばん深くクルッテイルということになる。逆にいえば、「普通」から外れているとされる行動や状態のほうが、内になんらかの「耽溺」からの覚醒を内蔵していることになる。解釈で閉じた世界の〈外〉にふれていることになる。

「人間的」という価値の措定についても、おそらく同様のことが言えるのだろう。人間は「人間的」ということで、最後の最後のところで護るべき価値を措定した。けれども、「人間的」という自己解釈の規則を過剰なまでに厳格に護りとおすことで、「人間的」の名のもとに、逆にもっとも「非人間的」な行為に走ることもある。カントの『実践理性批判』を枕頭の書としていた人物がナチスの副総統になりえたように。民主主義的な手続きが全体主義の猛威を生むことがあったように。

「人間と動物の違い」?

今しがたふれた人間による解釈で閉じた世界のその〈外〉は、解釈のまったき外部としてあるわけではない。この〈外〉との境界もまた、じつはこれまで人間による解釈で設定されてきた。人間を、他の「動物」たちという〈他者〉からいかに区切りとるかという議論である。

「人間」と「動物」の決定的な違いはどこにあるかということに、人類は、とりわけ西洋の人たちはずっとこだわってきた。人間には動物にはない知性がある（ホモ・サピエンス）、人間だけが言葉を話す（ホモ・ロクエンス）、人間だけが道具を使って労働する（ホモ・ファーベル）、人間だけがルールを作って遊ぶ（ホモ・ルーデンス）……。古くは「政治をする動物」というような考え方もあったが、最近では、人間も動物も親が子を育てるが、後に生まれたものが先に生まれたものの世話をするのは人間だけだというふうに、「ケアする動物」として人間を定義する考え方も出てきている。とにかく、ひとはじぶんを動物から区別するメルクマールが何であるかにずいぶんこだわってきた。

「人間と動物の違い」、こういう言い回しにことあるごとに異を唱える学者がいる。動物行動学の日高敏隆である。ある学際的な会議で、「人間と動物の違い」について論じようとした学者を制して、「人間とそれ以外の動物の違いと言ってください」とおっしゃった。人間もまた動物の一種であることはまちがいないからである。

この制止にはある深い意味が込められているようにおもわれる。動物のなかで人間だけを特別扱いする視線、つまりは人間に固有のものを先に問うまなざしへの警告である。

この視線はアントロポセントリズム（ヒト中心主義）とこれまで呼ばれてきたが、文化人類学者の川田順造は、その著『人類学的認識論のために』のなかで、人間とそれ以外の生物との関係を考える仕方にはおおよそ次の四つのタイプがあるとしている。

一方に、「自然史的非ヒト中心主義」と呼べるものがある。これは、「人間存在も他の諸存在と基本的に同等の資格で、他の存在と相互依存した連続の関係にある」とするものである。

他方に一連の「ヒト中心主義」のタイプがある。これには三つの類型があり、第一は「自然史的ヒト中心主義」である。これは、「人間のよりよい生存を、他の生物をはじめとする自然の利用、ある意味でのそれらの犠牲において推進することを正当化する立場」である。第二は「一神教的ヒト中心主義」で、このタイプの思考は「人間を他の生物を含む自然との関係で、特別の資格を神から与えられた被造物とみなす」。第三は「汎生的世界像」と呼びうるもので、これは「人間の非人間的世界への比喩的投影による拡大認知」をおこなう。

これをさらに簡潔にいえば、第一のタイプは他の生物をヒトによる操作や支配・利用の対象とみなす、第二のタイプは人間を神によって選ばれた特権的な存在とみなす、第三のタイプはヒトの自己認知を他の生物へと拡張する、と言えようか。

いずれにせよ、「人間が、他の動植物を支配・管理し、それを利用するのが当然とする立場は、野生状態の動植物を、人間がある場合には戦って奪いとりながら生きる、採集狩猟・漁労の略奪経済から、動植物を人間の手で再生産する農耕牧畜の生産経済へと移行することで、決定的に強化された」と、川田は言う。そしてその後の、工業経済への人類文明のさらなる移行のなかで、農耕牧畜のなかにも動植物の簒奪《さんだつ》の姿勢は、「もっと多く、もっと早く、もっと楽に（骨を折らずに）」（生産性、能率性、省力性）という工業社会におけるヒトの欲望の三原則に呼応するかたちで、決定的に固められていった。この過程で、動物は「繁殖」させられるものから、「量産」されるものへと、さらには「実験動物」へと変容させられてゆく。

近代工業文明を先導してきた西欧の思想史の文脈で言うならば、これと並行して、とくに動物の存在については〈欠如〉という位相で語りだされるのがつねとなる。知性の欠如、魂の欠如、意識の混濁といった位相で、あるいは機械に類するものとして、あるいはweltarmな、つまりは「世界が乏しい」という存在相においてあるもの（ハイデッガー）として。

「人間とそれ以外の動物」ではなく「人間と動物」という言い回しに端的に現われているような、人間性《ユマニテ》からの動物性《アニマリテ》の排除、あるいは両者の切断や疎隔化――たとえば理性と本能、聖性と獣性――へのあくなき欲望については、エリザベート・ド・フォントネがその大著『動物たちの沈黙――《動物性》をめぐる哲学試論』（石田和男・小幡谷友二・早川文敏訳）のなかで、レヴィ＝ストロースにはめずらしく修辞的な口ぶりと断りつつ、次のような文章を引いている。

自然それ自体に最初の破壊を被らせ、不可避的に別の破壊を連続して生じさせた原因は、人間的自然だけを排他的に尊ぶという神話ではなかっただろうか？　まず自然から人間を切り離し、人間を市場の統治者とみなすことから全てが始まった。そしてもっとも異論の余地のない性質、すなわち人間が何よりもまず生き物であるということを消し去ることができたと思い込んだのだ。そしてこの共通の特性に盲目なまま、あらゆる濫用に眼をつぶるようになった。四世紀にわたる西洋人の歴史の最後にあたり、以下に記すことがかつてないほどに理解されてきている。まず、西洋人が、人間性を動物性から根本的に切り離す権利を不当に我が物にし、一方から取り上げたものを他方へのみ与えることによって、呪われた循環が築かれていたということ。次に、これと同じ境界線が、絶えず後ずさりをしながらも、ある人を別の人から遠ざける役割や、常にもっとも限定的な少数者のために、自己愛をその原則と概念にするために生まれた、堕落した人間主義の特権を要求する役割を果たしていた、ということだ。

——レヴィ＝ストロース『構造主義的人類学、二』

とはいえこれは、人間性からの動物性の解除のあくまで一つの身ぶり、いいかえると「それ以後大文字の〈外部〉となるような何かを排除するような一連の身ぶり」（フォントネ）を定式化したものにすぎない。人間は自然をしだいに完全な支配や管理の対象としていったとはいえ、自然に対する人間の畏怖や恐怖そのものが解消するわけではないからだ。

コミュニケーションとディスコミュニケーション

人間とは根本的に違うもの、人間の理解を超えた他者として、それへの畏怖や恐怖が消え去ることがないからこそ、他方で、それを理解可能な地平へと引き入れるもう一つの身ぶりをもまた、人間は編みだしてきた。永遠に口を閉ざしたまま「われわれの表象の果て」にしかいない存在とのコミュニケーションの伝達不能状態（ディスコミュニケーション）に対して、人間の側からする語りかけに応えてくれる動物との交わり（コミュニケーション）の身ぶりである。供犠（神霊との交わり《コミユニオン》）において生贄《いけにえ》とされる動物とは異なる情動の水準において交わる動物、たとえば餌を求めて人間集団に近づいてくる動物、われわれの仲間（労働力の一部）であるような動物、ペットとして愛玩される動物などがそうである。

とりわけ民話や寓話や説話には、そうした人間の語りかけに応える動物が頻繁に登場する。人間にとって理解可能な地平へと引き入れられた動物たちである。ここで理解は、動物たちへの「われわれ」の投影というかたちで試みられる。「われわれ」の理解の枠組みのなかに組み入れられた「語る」動物たちは、そのような（こんどは《欠如》ではなく）人間性の《比喩》としてしか存在しえないものである。ずる賢いキツネ、間抜けなタヌキ、そそっかしいネズミ、寂しがりやのイヌ、家族思いのゾウ、退屈そうな雄ライオン、鷹揚なクジラ……。彼らとの友愛や敵対、愛情や裏切りを語りだすこと、そのことでも人間性からの動物性の解除は果たされる。

伝達不能な存在としての動物をわたしたちにとって理解可能な地平のうちに組み込むその一方で、その地平のうちで「われわれ」とは異なるもの、つまりは他者として動物を位置づけ、分類してきたのが、タブーという習俗のかたちだ。とりわけ対動物のばあいは、食のタブーとして。食べてよいものと、(食べることは可能であるが)絶対食べてはいけないものと、およそ食べる気のしないもの。一般的にいえば、絶対食べてはいけないものの典型はペットである。およそ食べる気のしないものは、異界、異邦の動物たちである。日本人のばあいなら象やキリンやニシキヘビ。そして食べてよいのは、家畜や猪、兎、鹿といった里や山の動物たちである。

こうした分類を〈自己と他者〉という観点から解釈したのが、エドマンド・リーチの「言語の人類学的側面」という論文である。リーチは「われわれ」の一員であるが「われわれ」そのものではない両義的な存在が食のタブーとなり——これが人類の感受性の底深くにまで沈澱したとき、それはおよそ食べる気もしないものに変じる——、「われわれ」が接触することもないまったき他者としての異邦の動物は(一見して食べられるものであるにもかかわらず)食の対象にはならない。つまるところわたしたちが食することになるのは、自己であり同時に他者でもある両義的な存在としてのペットと、まったき他者としての異邦の動物以外のもの、つまり近隣の動物ということになる。ちなみに、こうした境界設定は婚姻のタブーとも並行していて、性的な接触がタブーとされるのは、家族という両義的な存在と異邦の人間である。性的な接触が許されるのは、おなじ共同体に属し、しかし「われわれ」家族ではない隣人たちということになる。そしてふたたび食にもどって、食のタブーとなるその両義的な存在こそ、もっとも忌避すべき存在もしくはふるまいを言語的に表現するときに象徴として比喩的に用いられる。「ブタ野郎」とか「権力の犬」といったふうに。

食の欲求にまで深く刻み込まれたこのきわめて厳格な境界設定は、人間性と動物性との差異の強化にほかならない。強迫観念ともいえるこの過剰なまでの差異へのこだわりは、裏面からいえば、人間が両者のあいだにそれだけ共通のものを感じているからこそだといえるだろう。連続しているがゆえにたえず不連続のものとして切断されねばならない、と。とすれば、食の、性的接触のタブー（＝切断）に人間がそれだけやっきになるのも、じつは、動物を他者として向こうに見るよりも先に、まずはそれへと同体化しているからではないか。そのように問うてみることもできるはずだ。

側面的な普遍

もうひとりの生物学者、池田清彦にわたしはかつて、他者理解の可能性をめぐって哲学でよく知られている「感情移入」の理論の是非を生物学者としてどう思うかと訊いたことがある。そのときの彼の答えにためらいはなかった。「感情移入がなぜ可能かという問いはばかげている。魚でも猫でもおなじ脊椎動物なら、苦しんでいるとき、のたうちまわるその姿を見れば苦しいとすぐにわかる」。これで哲学の他者理解論が片づくとはおもわれないが、それを意識の問題とする哲学者の前提をきびしく衝いている。

さらにもうひとり、解剖学者の三木成夫が「おもかげ」について語っていることが、少なからぬ衝撃をわたしに与える。受胎一カ月後の一週間に胎児の頭部で起こる出来事、それはフカの頭から爬虫類の相貌へ、さらには獅子頭の鼻面を経て、ヒトの顔に変容してゆく。たった一週間、そのなかで胎児の容貌は、魚類・爬虫類・哺乳類の「根源の形象」(まぼろし)を再現させ、やがてヒトのそれになる。三木はその著『胎児の世界』と『海・呼吸・古代形象』のなかで、受胎後三十二日から三十八日の胎児の容貌と、ラブカ(古代ザメの代表と目される軟骨魚類)、ムカシトカゲ(中生代初頭の三畳紀に現われた喙頭目の唯一の直系)、ミツユビナマケモノ(新生代のはじめ第三紀の初頭に栄えた貧歯目の生き残りの一つ)の容貌とを較べ、「個体発生の一コマ一コマの中に、遠い昔のアルバムが秘められている」と述べている。そしてこう問う。「羊水に古代海水のおもかげを求め、母の胎内に、小さな宇宙の姿を見てとる、人間の深い心情は、このからだの原形質の奥底に根差す、そうした「生命記憶」に由来するものではなかったか」、と。

この問いは、池田のあの、他人への（距離を置いた）感情移入にはるか先立つ、おなじ生き物への「同感」があるという指摘に連なる。食のタブーにふれて、わたしは先に、人間と他の動物とは連続しているがゆえにたえず不連続のものとして切断されねばならなかった、と書いた。その連続性をこのふたりはそれぞれの語り口で浮き立たせている。とすれば、順序は逆になる。はじめに問われるべきは、人間とそれ以外の動物との差異を人間がどこに見いだすかではなく、まず人間とそれ以外の動物との不可分性があって、そこから人間はどのように身を引きはがしてきたかということになる。

最初に「他者との同体化」がある。そして「人間は、まず、自分がすべての同類（その中に、ルソーがはっきり言っているように、動物もいれねばならない）と同一であると感ずるから、そののちに、自分を区別し、これら同類を相互に区別する能力、つまり種の多様性を社会的分化の概念的支柱とする能力を獲得することになる」。これは、『今日のトーテミスム』において、レヴィ＝ストロースが、トーテミスム「発見」以前のルソーの憐憫《ピチエ》論やトーテミスムをめぐるベルクソンの解釈を引きつつ述べている言葉である。人間はまずじぶんが「同類」と似ていると漠然と感じるのであって、そのあとでじぶんを他から区別する能力を得る……。レヴィ＝ストロースは、人間が身の回りの生き物に固有の構造をとらえるその仕方のうちに、人間のなす論理的操作の源泉を見ようとする。そして、あまたの民族社会における神話や説話を精査するなかで、トーテム相互間の類似性と差異を析出し、それを人間の集団に見られるさまざまの制度を構成する諸項間の類似性と差異に対応づけつつ、それらを「構造的」に分析してゆくのである。

こうした類似性と差異をめぐる構造分析は、人間による世界解釈とそれと深く連関する社会制度や組織をめぐる問題であって、「人間」とそれ以外の「動物」の連続性そのものについての議論ではない。それは人間文化の無意識のレベルに内蔵されたさまざまな構造変換規則にかかわる問題で、それじたいがきわめて難しい作業ではあるが、「人間」とそれ以外の「動物」とのいわゆる《間 - 動物性》(inter-animalité) の分析はさらに困難な作業であろう。というのも、似ている点を指摘できても、その似ている点が人間においてどのように変換されて発動しているのかは、もはや人間にとっては、意識内部のことがらではなく、意識がそのなかにあってしかもそれについてうかがい知れない、ある意味では〈外〉のプロセスだからである。いいかえると、自然の動植物の存在の地平に見いだされるさまざまな類縁性を、人間は「乗り越え」という階層的な垂直性において理解しようとしてきたが、《間 - 動物性》という概念で問題のありかを指摘したメルロ = ポンティの考えからすれば、それはもはや垂直ではなく水平の「側面的」な「乗り越え」であるからである。そしてこの越境のしくみを知り尽くすことは、その越境の一方の産物にほかならない人間にはおよそ不可能なこととおもわれる。

メルロ＝ポンティは『シーニュ』という著作のなかで、「民族学的経験」にことよせて、普遍的なものへ向かうもう一つの途について語っている。人びとが客観的な方法によっていずれ得られると思い込んでいる「大上段にのしかかる普遍」（l'universel de surplomb）ではなく、「たえず他者によって自己を吟味し自己によって他者を吟味することによって手に入れる側面的普遍」（un universel latéral）をこそめざすべきときだというのである。

それは、「われわれ自身のものを異邦のもののように見、われわれにとって異邦であったものをわれわれのものであるかのように見ることを学ぶ」視線であると言ってもよい。西欧の観相術によくみられる動物に擬したヒトの人相描きに対してある画家がつけた注釈として、フォントネがこんな言葉を引いていた――「人間の顔をライオンの顔に似せて描くのはさほど難しくはない〔……〕しかし人間に似ていないライオンを描くのは、それよりもずっと気を遣う」、と。他なるものを他なるものとしてそのままとらえるのは難しい。人間の動物性を考えるときにも、動物性を「われわれ」に理解可能な地平に引き入れるのではなく、こうした「ずっと気を遣う」経験をくり返してゆくことがまずは必要なのだろう。このような経験を見失ったとき、人間は産業による動物の虐殺を超え、他の人間を強制収容する技術を洗練させて、ついには人間自身の大量殺戮へと向かうことにもなったのだろう。

10　死　自然と非自然、あるいは死の人称

死はシステマティックに覆い隠されている？

〈死〉はこの社会において、いわばシステマティックに覆い隠されている。わたしたちの社会では〈死〉という出来事が、出来事として一貫して視野から外されている。たとえば、わたしたちのほとんどが、家族のメンバーが死んでゆくその過程をぜんぶは知らない。わたしたちはそのほとんどが病院で死ぬが、死の瞬間というものはまず、心電図とか、ピッピッと機械的に鳴るあの枕元の装置によって、そしてそれを読む医療機関の専門家によって知らされる。装置は理論を背負っており、それを専門家は解読するのであって、〈死〉はじかに人体において知覚されるものではなくなっている。人体の緊張が解けて、空いた孔という孔から体液が漏れだしているのだろうと想像がつかないわけではないが、それを想像するいとまもなく、白布に包まれた死体と面接することになる。遺体であり、亡骸《なきがら》で

ある。死体処理の過程をつぶさに見たひとなど、この社会では医療と看護の専門従事者くらいしかいない。〈死〉という、ひとの一生において決定的な意味をもつ出来事が、この社会では知覚不能になっている。家で死ぬことも路上で死ぬこともなく、ひとは今日ほとんどが病院のベッドで死ぬ。〈死〉がこのように当人や関係者の意思の及ばないところで「処理」される出来事になっているということ、このことと関連して、病もまた、じぶんの生に起こることであるにもかかわらず、その理解や処置はわたしたちの手から遠ざけられている。いまじぶんの身体に何が起こっているかということを、わたしたちはまるで御託宣をうかがうように医師から聞かされ、受け容れるだけ。じぶんがじぶんの身体にかかわる回路に医師という他者が介在しているわけだ。自己治療、相互治療の習慣は、もう遠い昔のはなしになっている。出産の場面も同様で、赤子の誕生も、家で産婆さんに取り上げてもらうということがなくなった。わたしたちは、家で母親の呻き声を聴くことも、赤子の噴きだすような泣き声を聴くこともなくなった。ひとの誕生がどういう事態なのかをじかに知覚することはめったにない。

さらに、生命活動にとってもっとも重大な意味をもつ栄養摂取の、その前提となる調理の過程と排泄物処理の過程、これらもシステマティックにわたしたちの眼から遠ざけられている。排泄物処理からいえば、かつて排泄が野外や共同便所でなされ、汲み取りもわたしたちの面前でなされていたのに、下水道の完備とともに排泄物処理が見えない過程になった(他人のうんこを見たことのない児童もいるにちがいない)。つぎに、食品はスーパーやコンビニに行くとすでに加工され調理されて、あとは電子レンジか熱湯で温めるだけでいいレトルト食品として売られている。肉や魚などの食材はきれいに切りそろえられてパックに入れて売られており、わざわざじぶんで生きものを殺し、捌《さば》く必要はなくなっている。

このように、生命の基礎的過程そのものが、わたしたちの視野から、経験知から、すっかり遠ざけられてしまった。食材となる生きものの死体処理、食材の輸入と調達、出産と遺体処理などの場面が、一貫して視野から外されている。民間の相互治療、出産や看取りにおける共同作業の文化も消え失せた。生存のベーシックないとなみが、身体空間から次々と取り外されてきたのだ。じっさい、わたしたちは調理された肉、パックされた食材、胎脂や血液を拭われた新生児、死に化粧をほどこされた正装した遺体をしか見ない。どういう作業をへて、肉や食材や新生児や遺体がいまここに在るのか。それを思い描くには想像力が要る。その想像力が萎《な》えつつある。そのなかで、ひとが亡くなればその屍《しかばね》はまるで廃棄物のように、見えない場所で処理される。死が不可視の出来事になりつつある。あるいは、死としては一貫して擬装され、蓋をされつつある。

わたしたちの文化は全体に、衛生的で、生から死を削除しようとする。洗剤はどんな小さな洗濯物のなかにも死をかぎつける。汚れ、セックス、細菌学的あるいは放射性の廃棄物に向かうのと同じ熱心さで、是が非にでも死を不毛にし、透明にし、低温処理し、空調し、化粧し、デザインし、追いつめる。これは死のメイクアップだ。

——J・ボードリヤール『象徴交換と死』今村仁司・塚原史訳

誕生や病や死は、人間が有限でかつ無力な存在であることを思い知らされる出来事である。おなじように調理や排泄物処理の仕事も、じぶんがほかならぬ自然の一メンバーであることを思い知らされるいとなみである。調理をするという行為は、排泄物の処理とならんで、人間が生きものであることを思い知らされる数少ない機会だからである。そういう出来事、そういういとなみが、「戦後」社会のなかでしだいに見えなくさせられていった。

ひとはじぶんが生きるために他の生命をくりかえし破壊しているということ。そのとき他の生命は渾身の力をふりしぼって抗うということ。ひとはその生存のために一つの作業を分かちあい、たがいに支えあうものであるということ。じぶんという存在がまぎれもない物質体であり、壊れもすれば消滅もするということ……。そういうことの、からだごとの体験がことごとく削除されるとしたら、わたしたちの現実性の感覚そのものも根底から変容するにちがいない。その変容した新たな《現実性の係数》に、わたしたちの感覚ははたして耐えうるのだろうか。

死の脱社会化

わたしたちの身体は、内臓はおろかその表面（顔や背中）ですら知覚不能である。つまりなんらかの〈身体〉観念や〈像〉を媒介にしてしか、じぶんのものにはならない。その意味で、所有されるのは「解釈された身体」であり、〈像〉としての身体である。そしてその解釈をおこなうのがこのわたしであるにしても、その解釈の様式は、ある社会のなかで「制度」としていつもすでに共同的に設定されてあるもので、だから〈わたし〉はわたしの身体の擬似所有者でしかない。この擬似所有の仕方そのものが、その解釈のなかにテクノロジーの体系をすでに深く包容するようになっている。〈わたし〉とその身体の関係は、医療テクノロジーの装置と制度を経由するほかなくなっている。身体と病と死についての現代の知は、ちょうど公教育が学校制度によって独占されているのとおなじように、医療テクノロジーによって独占されている。そのなかでひとは、じぶん自身のものではない不可視の視線によって照明され、分析される身体としてしか、病んだじぶん、死にゆくじぶんの存在を意識できなくなっている。身体の内部はもはや「内なる外部」ですらなく、純粋な外部へと転換したかのようである。そうすると、「わたしの身体」という観念そのものがすでに〈わたし〉とわたしの身体とのあらかじめ失われた関係を代行する一つの制度にすぎないのかもしれない。

病院でひとの身体は匿名の「病体」として取り扱われる。医療空間は人称的にニュートラルな空間、人称的に無記の（indifferent）空間であり、そこで死はだれのものでもない。いいかえると、輸血、人工臓器、臓器移植、胎児診断、CTスキャンによる検査、遺伝子組み換え操作などといった医療技術の装置のなかに、身体がいよいよ深く挿入されてきており、生そのものが死のモザイクのようになってきている。避妊、堕胎から蘇生術、延命治療、出生前診断、安楽死まで、医療テクノロジーはひとの生死に深く介入する。脳死は、そういう高度にテクノロジカルな視線のなかで、生でも死でもない両義的な事態として「発明」された。

しかし、ここで問題なのはおそらく、医療技術の過剰な戯れを抑止すること、その限界を「倫理的」に設定することではない。『消費社会と権力』のなかで内田隆三がするどく指摘しているように、「一つの技術が過剰な戯れであるか、人間の形象に適合する操作であるかを判断する基準は相対的であり、人間についての支配的な言説の秩序に依存する」

からだ。医療技術はそれぞれの時点で生体としての人間のあり方そのものの定義や意味づけを変えようと試みる。たとえば遺伝子組み換えやさまざまの生殖技術といった、個体としての、種としての同一性そのものの根幹にかかわるような技術が問題になってきている。だから「人間的でない」という反論は反論になりえない。それは、「反人間的」だということではファシズムへの反論とならないこととおなじである。身体をある抽象的な空間へと、たとえば手術というかたちで身体を切り裂くことを傷害罪とは考えない法の空間へと拉致する近代医学・医療の視線と、「死者」の消失(=屍体の普遍化)とは、おなじ一つの構造から派生している。

医療空間は人称的に無記であるといったが、病棟で〈ひと〉としての人称的な関係が生じないかといえば、もちろんそうではない。死の不安に怯える患者、患者を気遣う家族、患者を看るナース、患者を診るドクター、そして事務スタッフと家族のやりとり……と、死へのプロセスの途上で、死を怖れる、死と「闘う」というかたちで、あるいは患者を慰める、励ます、家族をいたわる、ねぎらう、事務職員と相談する、談笑するというかたちで、人称的なかかわりはさまざまに生まれる。だから、相性がよくなかったりそりが合わなかったりして、関係がぎくしゃくし毛羽《けば》だってくることもある。しかしこれらはあくまで死の周縁で起こることであり、だれかの死そのものは、医療機関(外科医、麻酔科医、放射線専門医らの医師団）にゆだねられ、人称的にニュートラルなその空間で処置される。人称的なものの死は、最後まで、死の前に、死のまわりで、死を案じるというかたちでふれられるだけである。死の処置が済めば、「病体」は「遺体」として家族の許に返される。そしてこんどは、亡くなったひとを悼み、惜しむという、死の後のさまざまないとなみが始まる。

屍体と死者

死者との関係は、もはや「だれ」でもない物質としての屍体との関係ではない。いまいちど内田隆三を引けば、「死者とは象徴的な基盤をもった存在であったはずである。それは生者でもなく、また、モノとしての屍体でもない。それは生体／死体という単純な二分法では分類できない両義的な存在である。死者はそれらの象徴的な中間項であり、しかも人称性をもった存在なのである」。人類は死体にたいして「一種独特な配慮」を示してきたのであって、「身体を単なるモノとしての屍体に等置し、遺棄するのではなくて、その死んだ身体に対して〈死者〉という人称的なカテゴリーを適用し、埋葬という儀礼的な行為の対象」としてきた。つまりそこでは、現在わたしたちが疑うことを忘れている生体／死体、つまり効用／廃物の二分法ではなく、生者／死者／屍体という三分法が採用されていた。いいかえると、死によってこそ「死者」が誕生するのである。たとえば日本人のばあい、戦争や飛行機事故の遺族に遺体や遺骨を求める強烈な感情が見いだされるのは、日本人が遺体のどのような断片にも〈死者〉の人称性を認めるからである。いいかえると、遺体の断片をつうじて〈死者〉の人称的な存在を奪回しようとするからである。遊女がかつて髪を断ち、爪やときには指さえ切り、それを愛する人に託したのもおなじ理由からであろう。

そういう死の象徴性が、現代の死への視線のなかではどんどん削がれてきた。あるいは中和化されてきた。その視線のなかに隠されているのは、「生は自然的で死は反自然的である」という思想である。「だから死を自然化し、死を剝製にして、生の模造品に変えなくてはならない。……死者の地位について生者による象徴的承認を得るかわりに、死者は生者の軌道のなかでの操り人形として扱われる」(ボードリヤール、前掲書)。

しかし、屍体が他なるモノ(das Andere)であるのに対して、死者は他者(der Andere)である。そして、死者とのあいだには「応える」という契機がある。そう、人称的に中立なもの、つまりは「だれ」でもない非人称的な問いではなくて、わたしが特定の「だれか」として、ある特定の他者に問いかけることとして、「問安《もんあん》」はある。「ある」ではなくて「いる」というこの感覚は、すでにそのうちに、その者への問安を内蔵している。

問安というこの安否の問いかけにおいては、問う者と問われる者のあいだに（安否という）問われていることがらがあるのではなくて、「どうしたの？　だいじょうぶ？」と問われる者と、そこで問われていることがらとは一体になっている。だれかとしての死者の存在の特異性は、そうと問安する別の生者の特異なまなざしのなかでしか存立しえない。

　とすれば、ひとは死して、生者から死者への語りかけのなかで、こんどは生者に語りかける死者として生まれなおすと考えたほうがいいのではないか。亡きひとへのかかわりは、そのひとの死後、弔いとか墓参りとか読経というかたちでつづき、そのなかでそのひとは死者として生まれなおしてゆく、と。だれかに死なれたひとのこの喪失を「慰問」すること、それがおそらくは僧侶がこれまでなしてきたことなのだろう。七日ごとに、お逮夜《たいや》のお参りをし、その席で死者についてそれを「亡きひと」として語ることで、喪失の経験を少しずつ和らげてゆく。それと反比例して、「死なれた」者のうちに死者が「死者」、つまりは問安の相手として生まれてゆく。

　あるいは、死後しばらく間をおいてから死者が生まれる場合もあろう。遠隔の地で戦死もしくは事故死した家族の遺骨を、あるいは遺品を捜す旅に出るひとはけっして少なくないのも、死者との関係がいまだ生まれていない、したがってまた済んでもいないことへの焦燥からくるものであるにちがいない。関係が未だ生まれていないというこの焦燥は、おそらく、おのれの死への不安よりもはるかに痛いものであろう。おのれの死への不安といっても、そのいくばくかは、あるいは大半は、遺された者への思い、つまりわたしとわたしが気遣うひととのあいだの関係の決定的な変容に向けられているはずだ。死に近づきつつある側も、じつは「死なれる」側への思いで胸が張り裂けそうになっている。「死んだら死にっきり……」。たしかにそうである。が、そうしたつぶやきは「死なれる」側への思いを断ったとき、たった独りきりのときにのみ口にできる言葉でしかないのではないか。

本書の5章「私的なもの」でもふれた「身体の自己所有」という幻想をめぐって、川本隆史は次のように言っていた。「所有 own と、債務を負う・恩恵を被る owe と、当為 ought とのあいだにあった語源的つながり。身体・能力の所有が、社会への責務関係から切断されたところで、近代に特異な〈自己所有権〉の主張がかろうじて成り立っている」（「自己所有権とエンタイトルメント」）、と。そうだとすると、この債務関係が他者とのあいだではなく、死者とのあいだで成立しなくなったとき、死者がその人称性を失って屍体とされるということなのだろう。ここでわたしたちは、身体の機能停止としての死が〈死〉の原型だという、今日では自明のことのように受け容れられている考えを、ひとは死してこんどは死者として生まれるという視角から書き換える必要があるのではないか。

死なれること

だれにも死はかならず訪れる。だれも死を避けることはできない。それは有限の生を生きる者にとって必然の出来事である。けれどもその出来事は経験というかたちで起こることはありえない。経験は死とともに不可能になるからだ。いいかえると、死はいつも経験の彼方にある。死は現在（presence）になりえない。死はいつも不在（absence）としてあるものだ。

これにたいして、他人の死はまぎれもない経験として生じる。だれかに死なれるという経験として。無関係なひとの死は一つの情報として経験されるにすぎないであろうが、深い関係にあるひとの死は、「失う」という経験、（他者の、ひいては自己の）喪失の経験としてまぎれもない一つの出来事となる――「死なれる」というこの喪失を裏返したところに、「死なせた」という加害の思いがある。わたしの存在が、あのひとを死へといたらしめた、死へと早まらせたという悔恨であり、痛苦である――。とくに親密な関係にあった他者を失ったとき、残されたひとの衝撃は大きい。親密な関係とは、じぶんをじぶんではない状態にまでほどいてアモルフに漂わせておけるような、そういう無防備な状態にいられることである。わたしがつねに他者たちに与える効果を確認し、他者たちのまなざしを採り入れ、セルフイメージを微調整したり、更新したりしながら生きてゆくときに、神経を張りつめたひりひりするような関係ばかりではとてもやってゆけない。疎遠な関係が強要する緊張をほぐすために、くつろぎと休息が必要だ。その意味で、親密な他者との安らいだ時間は、睡眠とおなじく、なければ死を招くほど生存の基本条件になっているものである。死への怖れの底には、こうした親密な他者を突然喪失することへの不安が渦巻いているのだろう。

深いつながりのあっただれかが死ぬということは、わたしをその思いの宛て先としてくれていた他者を失うということである。これがなぜ痛いのか。その理由はそんなに不明ではない。〈わたし〉という存在は、だれかある他者の意識の宛て先としてかたちづくられてきたものだからだ。「わたし」が「他者の他者」としてあるとするならば、わたしをその思いの宛先としていた二人称の他者の死は、わたしのなかにある空白をつくりだす。死というかたちでの、わたしにとっての二人称の他者の喪失とは、「他者の他者」たるわたしの喪失にほかならないからである。以後、わたしの思いはいつも「宛先不明」の付箋をつけて戻ってくるしかない。そのとき、わたしもまたその「他者」の他者としては死んだといえる。

ひとはだれかに呼びかけられることによってはじめて、他者の意識の対象としての自己の存在を〈わたし〉として感じることができる。生涯だれにも呼びかけられることがなかったひとなど、想像しようがない。「だれもわたしに話しかけてくれない」と嘆きつつ、みずからいのちを絶つひとはあっても。わたしのほうが死ぬ場面を想像してこれを言葉にしてみれば、たとい生前にわたしがいかに取るに足りない存在であったにしても、わたしの死はたぶん、わたし以外のだれかにとって、たとえごくごく小さくとも、やはりなにがしかの意味はもつはずだ。「ばかなやつだった」「なさけないやつだった」というような、否定的な意味あいであったにしても。だからもし、わたしの死がいかなる他者にとっても一つの事件になりえないのだとしたら、わたしは生きているときからすでに死んでいると言ってもいい。

ここでわたしたちは、（じぶんが）死ぬことよりも、（だれかに）死なれることが、じつは〈死〉というものの経験の原型だと言いたくなる。

死の人称性

しかし、死なれることは「死の経験」の原型ではあっても、〈死〉そのものの原型なのではない。だれかに死なれることはよく「二人称の死」とも言われるが、しかし経験としてみれば、それは一人称において起こるものである。ただその場合に、一人称、二人称、三人称を、「わたし」から「あなた」へ、そして「第三者」へと、しだいに原点である

「わたし」から隔たってゆくものとして遠近法的に解することには問題がある。

じぶんが死ぬことではなくだれかに死なれることが「死の経験」の原型だと言われるときには、わたしの身に起こること、つまりはわたしの死は、二人称である他者の喪失を想像的に自己に折り返したところに成り立つということが含意されている。いいかえると、「自己の死」には、「他者の不在」という概念を自己のなかに反照させた擬似二人称的な死であるということが含意されている。それは、わたしにとっての〈わたし〉の死ということなのである。ところが、この、わたしにとっての〈わたし〉の死は、「死なれる」経験として記述することができない。わたしが死ぬときはもはやわたしは何ものも経験できないということももちろんある。が、それ以上に、それは喪失ではないからである。ついに不在となった「他者」がかつて存在したというのとおなじ意味で〈わたし〉が存在するわけではないからだ。

わたしがじぶんの存在を〈わたし〉として意識するのは、すでに述べたように、じぶんの存在が他者の思いの宛て先となっていると感じること、じぶんの存在が他者になんらかの効果を及ぼしていることを知ることをきっかけとして、である。わたしがここにいるというプレゼンスの感覚が生まれるのは、他者のまなざしを浴びることによって、他者のそれに刺されることによってである。ということは、あたりまえのことだが、〈わたし〉の存在には「わたし／あなた」という自他の人称的な関係が先行しているということである。しかもこの関係は可逆的なものである。「わたし」にとっての「あなた」は、「あなた」自身にとっては「わたし」であり、「あなた」にとっての「あなた」は、「わたし」にとっては「わたし」であるという可逆的な事態を了解することなしに、「わたし」と「あなた」と言いあえるような関係は成立しないからである。わたしがじぶんの存在を〈わたし〉として意識するときには、すでにこうした自他の可逆的な関係の了解が成り立っている。「わたし」（という表現）はわたしだけのものではないという了解のもとではじめて、わたしはじぶんを「わたし」として表現できるわけである。

「わたし」がわたしだけのものでないことの了解のうえではじめてわたしがじぶんを〈わたし〉として意識するのだとすれば、この〈わたし〉はたとえわたしがわたしだけに特異なものと感じていても——たとえばわたしの痛みはわたしにしかわからない——、すでにそこに自他の可逆的な人称関係は含意されているわけだから、この〈わたし〉の特異性は存在としてはすでに媒介されたものだということになる。わたしがじぶんの死について語るときには、それはすでに「わたし」と「あなた」の可逆性に媒介された言説のレベルで言われているのであるから、そのときにはもう、「わたしの死」の単独性や特異性は概念として成り立っているにすぎないことになる。それは、純然たる一人称を超えるものを含んでしまっている。この意味で、「わたしの死」について語る言説は、「死なれる」という二人称の死から派生したある非人称的な語りなのである。わたしはそういう非人称的な語りによってしか、自己の〈死〉にふれることができない。「わたしの死」と「わたし」が言うときには、単独のもの、特異なものとしての〈わたし〉はすでに死んでいるのである。『声と現象』のなかのJ・デリダの言葉、「〈わたし〉の宣言にはわたしの死が構造的に必然である」は、それを裏面から言っていたのだ。

日野啓三は晩年にこう書きとめていた――

> 「書く」ことによって「ほんとうのこと」が呼び出され呼び寄せられ、息を吹きかけられ血を注ぎ込まれ、影のように亡霊のように、近く遠く明るく暗く立ち現れるのであって、「書く」前にホントもウソもない。顔も水脈も陰影もなく混沌《カオス》さえもない。「書き方」だけが「ほんとうのこと」と「ほんとうに成り切れない」あるいは「ウソでさえもない」こととを分ける。
>
> ――日野啓三『書くことの秘儀』

とすれば、「わたしの死」とは、「死なれる」経験のように、存在するものが存在しなくなるというよりも、あらかじめ死ぬことで生まれた者が重ねて存在しなくなることだということになる。これはまさしく、内田隆三が指摘していた、死とともに「死者」が誕生するというのとおなじ事態である。「死者」についての語らいと、「わたし」についての語りとは、じつは同一の構造をとるのである。

意味と無意味、あるいは人称の彼方

〈死〉とは、そのひとが「いなくなるかもしれない」「いずれかならずいなくなる」という、あるひとの存在の消滅として、生きているわたしたちによって受けとめられる出来事である。これは、〈ひと〉の存在が、「いなかったかもしれない」「いないこともありえた」という偶有性を含んだことがらとしてあることと、相同的である。いいかえると、だれかが「いつかいなくなる」、そして「いないこともありえた」という偶有性を含み込んだ存在であるということ、つまりは「有限性」のなかでひとの存在を見ることの一部として、〈死〉の問題はある。

有限性というのは、いうまでもなくその存在に限りがあるということであって、このことを痛切に感じざるをえないのは、いのちをつなぐこと、生き延びることじたいが困難であるような事態、たとえば極度の貧困のなかである。収穫が気象に大きく左右され、乏しいその収穫の多くを時の権勢から法外な税や貢物として簒奪され、日々飢餓の不安に晒されているような貧しい生活のなかでは、共同体の成員一人ひとりの存在はまさに「人手」としてある。一人でも欠けると共同体のいとなみが滞る。極貧とまではゆかなくても、農村、漁村の暮らしは、労働の交換ということが基底にある。田植え（漁村なら地曳き網）や屋根普請・屋根替え、葬式など、一家独力では困難な仕事が多々あり、そのために「お互い様」ということ、つまりは協働の仕組みと労働力の対等な交換、収穫の共有・分配が重んじられた。こうした村共同体の成人メンバーとして公認されるということは、その名のとおり「一人前」として認められることであった。「一人前」は「人並み」の仕事ができるということであり、また村共同体の維持のためにそれをなす義務があるということであって、それゆえこれには多くの場合、一人前の仕事量（一人役、一手役）が標準として設定される。たとえば、四斗俵を担ぐ、田植えは一日七畝《せ》以上、草取りは一日一反歩《いったんぶ》といった具合にである。そういう「結《ゆい》」とか「もやい」と呼ばれる協働関係である。そしてそれらの輪から外されること（たとえば「村八分」）、それはただちに死を意味した。たがいの存在なくしては生きてゆけないほどの強い相互依存がそこにはあった。ちなみに「村八分」の残り二分、つまり消火と葬送だけは共同で執り行った。共同体のメンバーがひどい迷惑を被るからである。このような強い相互依存は世代間にもある。人手が足りなくなればただちに共同体は衰亡するからである。だからこれら村共同体においては、共同体維持のために、強い結束が求められ、そのために厳しい掟や加入儀礼が設定された。死者の葬送はそのもっとも重要な儀礼の一つであった。

この村共同体が巨大な匿名のシステムに取って代わられてきた現代社会では、あちこちで散発する個々のメンバーの死も、システム内の匿名の項の些末な入れ替えとしてしか現象しない。したがって個々の項は、そのシステムの外部にみずからの特異な存在を確認せざるをえなくなる。人びとの存在の個性とはそういうことであろう。言ってみればそれは、関数の任意変数のようなものである。だから自己があるとしたら、それは存在の過剰というかたちで共同体を外出したところに存立するしかない。システム内での微妙な差異の確認だけでは、「この人」としての特異な存在はそもそもがもたないのである。が、システムの〈外〉には自己存在の根拠というものがない。すでに見てきたように、「わたし」は「他者の他者」としていつもわたしの存在を宛て先とするひと、つまりは対項を必要とするのだ。そして関係するその両項は、それぞれに「わたし」として誕生したときには（特異な者としては）すでに死んでいる。「わたし」にこそ共同性の決定的な刻印がなされている。だから、ひとはたえず他者との関係のなかでみずからの存在を整形し、他者とのその差異のありかに神経を消耗させずにはいないのである。私的所有への尽きぬ願望というのも、モノの所有者として、いいかえると、みずからの意のままに処置できる

(disporsable) ものを所有する「主」体として、他者との関係から切れたところでみずからの存在を確認したいという、それじたいとしては不可能な夢でしかない〈近代的な〈自由〉の獲得は共同性と無縁になることから始まったのであった〉。だからモノを所有する者としてのじぶんの存在が、ということはじぶんの死が、いかに軽量のものか、内心では気づいている。〈わたし〉という誕生と死は、「使い捨て」(disporsable) の商品のようにカルイ、と。かつて貧しい生活のなかでは共同性からの離脱が死を意味したが、今日では逆に共同性の〈外〉にしか自己の存在の場所はないはずなのに、じっさいには共同性の最後の刻印にすがりつづけることなしには死んでしまうというふうに、いまいちどループとなって共同性に回帰する。ここでも共同性からの離脱が死を意味するようになっている。ただそれがメンバー間の強い相互依存によるのではなく、システムの差異構造により微細に、より深く取り込まれることによってである。

共同性の〈外〉はしかし、死としてしかありえないのだろうか。匿名であるということは〈ひと〉としての死をしか意味しないのだろうか。

鶴見俊輔は「その他の関係」という風変わりな題をもつ文章のなかで、次のように語っている——

自分は、かつて家のなかで有名な「者」であった、その記憶を大切にする。そして、やがて自分は「物」となって、家族の者にとってさえ見知らぬ存在になっていくという覚悟をして、そして物としての連帯に向かってゆっくりと歩いていくという覚悟をもって、家を一つの過渡期として通り抜ける。それが重要じゃないんでしょうか。

――「その他の関係」

これは老いとその介護の現実にふれて語られた言葉であるが、ここで「家」と言われているものを、わたしたちの文脈に挿し込めば「共同性」と言いかえることができるだろう。そこを「一つの過渡期として通り抜ける」とすれば、通り抜けた先は、意味の外、つまりは物との差異すら存在しない世界であろう。〈死〉は、わたしにとって経験の、したがってまた意味の消失であるかぎりで、無意味なものである。どこまでも不在のものである。「死んだら死にっきり」とはそういうことなのかもしれない。が、その無意味なもの、不在のものについての語りのなかで他者たちの〈生〉の意味が彫琢されるのだとすれば、そのかぎりで、V・ジャンケレヴィッチにならって「死は生に意味を与える無意味である」とも言えよう。

あとがき

本書は、筑摩書房の「webちくま」で二〇〇六年六月から翌年の九月まで、『可逆的?』というタイトルで、一七回にわたって連載した文章をもとにしている。この連載は、長めの序論につづけて七つのテーマについて論じたのち、二〇〇七年の八月にわたしの勤務状況が一変したために、以後、未完のまま休載となっていた。このたびこの旧稿を大幅に組み換え、ある部分は削除し、ある部分は一から書きなおし、さらにいくつかの新稿をつけ加えるというかたちで、『〈ひと〉の現象学』とタイトルも変えて、上梓させていただくことになった。

右の連載『可逆的?』のモチーフは、あるものを見たときにそれとは反対のものを透かし見てしまうというわたしの思考の、いってみれば癖のようなものを、方法にまで鍛え上げたいというところにあった。フランス語でいう"duplicité"(二重になった襞)の癖を、原義にある「二枚舌」とか「二心」ではなく、パスカルのいうような〈両重性〉の思考として鍛え上げたかったのである。だからその連載のタイトルも、パスカルのそれに連なるメルロ＝ポンティの〈両義性〉(ambiguïté) と〈可逆性〉(réversibilité) の思考になぞらえて、「可逆的 (リヴァーシブル)?」としたのだった。本書ではそのモチーフを、〈ひと〉の誕生から死まで、ひとがたどる道行きの中継点をさまざまに多重化して描くというかたちに変更した。その編みなおしの心づもりについては、「はじめに」に書いたとおりである。

以下、それぞれの章の構成について記す。

1 顔『可逆的?』の第2・3回「〈顔〉の秘密」と、荻野美穂・石川准・市野川容孝氏との共編著《身体をめぐるレッスン》・1『夢みる身体 Fantasy』(鷲田清一編、岩波書店、二〇〇六年一一月)所収の論考「〈顔〉、この所有しえないもの」とをもとに書き改めた。

2 こころ『可逆的?』の第4・5・6回「こころの在り処」に加筆。

3 親しみ『わかりやすいはわかりにくい?』(ちくま新書)の第11章「憧れつつ憎む?――家族について」に加筆。

4 恋『可逆的?』の第16・17回「愛と憎しみ」に加筆。

5 私的なもの　『可逆的？』の第7・8回「所有の逆説」に加筆。

6 〈個〉『可逆的？』の第9・10回「自由の隘路」に加筆。

7 シヴィル「市民が「市民」になるとき——「市民」の概念をめぐる試論」（「アステイオン」第72号、阪急コミュニケーションズ、二〇一〇年五月）に加筆。

8 ワン・オブ・ゼム　『可逆的？』の第11・12回「「多様性」という名のアパルトヘイト」に加筆。

9 ヒューマン　『可逆的？』の第14・15回「人間的？」と、《ヒトと動物の関係学》第1巻：奥野卓司・秋篠宮文仁編『動物観と表象』（岩波書店、二〇〇九年四月）所収の論考「人間性と動物性」とをもとに書き改めた。

10 死　『可逆的？』の第13回「死の人称」に加筆。

このような事情で、ウェッブでの連載『可逆的？』から本書まで、まさに曲がりくねった長い道（ロング・アンド・ワインディング・ロード）をたどることになった。その道のりを伴走し、いくども挫けかけたランナーをとにもかくにも終点にまで引っ張って行ってくださったのは、筑摩書房編集部の石島裕之さんである。石島さんのサポートがなければこの本は陽の目を見ることは絶対になかった。ほんとうに有り難くおもう。また**1**でジャコメッティの制作プロセスを図示するにあたって、ジェイムズ・ロード『ジャコメッティの肖像』と矢内原伊作『ジャコメッティ』に収録された写真を転載させていただいた。両書の版元、みすず書房にこの場を借りてお礼申し上げる。

この本の衣裳は、装幀家の鈴木成一さんが縫ってくださった。いまは亡き多田道太郎さん、そして加藤典洋さんとの連続鼎談『立ち話風哲学問答』（朝日新聞社、二〇〇〇年）にも衣裳を着せていただいたが、その瀟洒なデザインが大好きで、このたび鈴木さんに装幀していただけるとは、まさに望外の悦びだった。試し刷りをデータで見せていただいたとき、パステル色の水玉でポップに、けれどもどこか切ない色調で描かれている絵が、みんなワン・オブ・ゼムなのに、一人ひとり違った色をしているという〈わたしたち〉のありかたを映しているようで、うれしかった。人様にはとくに言ってこなかったが、わたしは、水玉模様の、それも大柄の玉が並んだり、重なったりしたシャツやネクタイが好みで、よく身につける。

二〇一三年二月　上賀茂にて

鷲田清一

文庫版あとがき

わたしのこれまでの仕事はもっぱら、〈ひと〉の存在を逸らし、ずらせてゆく契機に着目したものが中心であった。「実体」とされるものよりはむしろ「表面」（衣服や顔）、「究極」よりは「普通」、「完成」よりは「未完」、「強さ」よりは「弱さ」、「成長」よりは「老い」、「めがける」よりは「待つ」、「リーダー」よりは「しんがり」、さらに言葉なら「意味」よりも声の「肌理《きめ》」（「聴く」やオノマトペ）、すかっとした論理よりは噛み切れなさや割り切れなさ、目の詰まった組織よりは想像や自由のすきまといったふうに、である。

本書ではわたしとしてはめずらしく、〈ひと〉の存在を編む、あるいはまとめるという側面に焦点を合わせている。「だれ？」、つまり〈わたし〉ということから始めて、家族や恋人、市民や国民、さらには生きものや人類としての〈ひと〉の存在を、それぞれの位相で確かめるかのように論じている。そしてそのように論じながら、やはりそうした生成を可能にする契機、そう、存在を逸らし、ずらせてゆく契機にこだわっている。

〈ひと〉の一生は一つの途ではない。つねに偶発的なものに突き動かされ、その存在の拠点すらずらされて、別の〈ひと〉との衝突や因縁、誘いやしがらみのなかで、何かに成りゆくものだと思っている。この本のタイトルに「現象学」の語を付したのも、説明したり分析したりするよりも先に、何よりも丹念に、分厚く、記述することがたいせつだという、メルロ゠ポンティが『知覚の現象学』で述べた心がまえに倣ってのことである。最初の〈顔〉の章では、ことにそうした記述を心がけた。

このたびちくま学芸文庫の一冊に入れていただくにあたっては、筑摩書房編集局の天野裕子さんにひとかたならぬお世話になった。当初、単行本としてつくってくださった同編集局の石島裕之さんのさまざまな思いを「裕」という一字で確《しか》とつないでくださった天野さんのご尽力に、こころよりお礼申し上げる。

二〇一九年十二月

鷲田清一

本書は二〇一三年三月二〇日、筑摩書房より刊行された。

歓待について

ジャック・デリダ
アンヌ・デュフールマンテル序論
廣瀬浩司訳

異邦人＝他者を迎え入れることはどこまで可能か？ギリシャ悲劇、クロソウスキーなどを経由し、この喫緊の問いにひそむ歓待の（不）可能性に挑む。

省察

ルネ・デカルト
山田弘明訳

徹底した懐疑の積み重ねから、確実な知識を探り世界を証明づける。哲学入門者が最初に読むべき、近代哲学の源泉たる一冊。詳細な解説付新訳。

哲学原理

ルネ・デカルト
山田弘明／吉田健太郎／久保田進一／岩佐宣明訳・注解

『省察』刊行後、その知のすべてが記された本書は、デカルト形而上学の最終形態といえる。第一部の新訳と解題・詳細な解説を付す決定版。

方法序説

ルネ・デカルト
山田弘明訳

「私は考える、ゆえに私はある」。近代以降すべての哲学は、この言葉で始まった。世界中で最も読まれている哲学書の完訳。平明な徹底解説付。

宗教生活の基本形態（上）

エミール・デュルケーム
山﨑亮訳

宗教社会学の古典的名著を清新な新訳で。オーストラリアのトーテミスムにおける儀礼の研究から、宗教の本質的要素＝宗教生活の基本形態を析出する。

宗教生活の基本形態（下）

エミール・デュルケーム
山﨑亮訳

「最も原始的で単純な宗教」の分析から、宗教を、社会を「作り直す」行為の体系として位置づけ、20世紀人文学の原点となった名著。詳細な訳者解説を付す。

社会分業論

エミール・デュルケーム
田原音和訳

人類はなぜ社会を必要としたか。社会はいかにして発展するか。近代社会学の嚆矢をなすデュルケーム畢生の大著を定評ある名訳で送る。（菊谷和宏）

公衆とその諸問題

ジョン・デューイ
阿部齊訳

大衆社会の到来とともに公共性の成立基盤は衰退した。民主主義は再建可能か？　プラグマティズムの代表的思想家がこの難問を考究する。（宇野重規）

旧体制と大革命

A・ド・トクヴィル
小山勉訳

中央集権の確立、パリ一極集中、そして平等を自由に優先させる精神構造――フランス革命の成果は、実は旧体制の時代にすでに用意されていた。

最後の親鸞　吉本隆明

宗教以外の形態では思想が不可能であった時代に、仏教の信を極限まで解体し、思考の涯まで歩んでいった親鸞の姿を描ききる。（中沢新一）

ハイ・イメージ論（全3巻）　吉本隆明

思想の巨人・吉本隆明の独創と構想力を兼ね備えた円熟期の代表作。現在という未知の核心へとわれわれを誘う新たな歴史哲学あるいは文明論の試み。

思想のアンソロジー　吉本隆明

『古事記』から定家、世阿弥、法然、親鸞、宣長、折口、大拙、天草方言まで。自らの思索の軌跡をアンソロジーに託して綴った、日本思想史のエッセンス。

養老孟司の人間科学講義　養老孟司

ヒトとは何か。「脳‐神経系」と「細胞‐遺伝子系」。二つの情報系を視座に人間を捉えなおす。養老「ヒト学」の到達点を示す最終講義。（内田樹）

記号論　吉田夏彦

文字、数字、絵画、空の雲……人間にとって世界は記号の集積であり、他者との対話にも不可欠のツールだ。その諸相を解説し、論理学の基礎へと誘う。

モードの迷宮　鷲田清一

拘束したり、隠蔽したり……。衣服、そしてそれを身にまとう「わたし」とは何なのか。スリリングに語られる現象学的な身体論。（植島啓司）

新編 普通をだれも教えてくれない　鷲田清一

「普通」とは、人が生きる上で拠りどころとなるもの。それが今、見えなくなった……。身体から都市空間まで、「普通」をめぐる哲学的思考の試み。（苅部直）

くじけそうな時の臨床哲学クリニック　鷲田清一

やりたい仕事がみつからない、頑張っても報われない、味方がいない……。そんなあなたに寄り添いながら、一緒に考えてくれる哲学読み物。（小沼純一）

「聴く」ことの力　鷲田清一

「聴く」という受け身のいとなみを通して広がる哲学の可能性を問い直し、ホモ・パティエンスとしての人間を丹念に考察する代表作。（高橋源一郎）

初版 古寺巡礼　和辻哲郎

不朽の名著には知られざる初版があった！　若き日の熱い情熱、みずみずしい感動は、本書のイメージを一新する発見に満ちている。（衣笠正晃）

初稿 倫理学　和辻哲郎　苅部直編

個の内面ではなく、人と人との「間柄」に倫理の本質を求めた和辻の人間学。主著へと至るその思考の軌跡を活き活きと明かす幻の名論考、復活。

反オブジェクト　隈研吾

自己中心的で威圧的な建築を批判したかった――思想史的な検討を通し、新たな可能性を探る。いま最も世界の注目を集める建築家の思考と実践！

錯乱のニューヨーク　レム・コールハース　鈴木圭介訳

過剰な建築的欲望が作り出したニューヨーク／マンハッタンを総合的・批判的にとらえる伝説の名著。本書を読まずして建築を語るなかれ！（磯崎新）

S, M, L, XL+　レム・コールハース　太田佳代子／渡辺佐智江訳

世界的建築家の代表作がついに！　伝説の書のコア・エッセイにその後の主要作を加えた日本版オリジナル編集。彼の思索のエッセンスが詰まった一冊。

東京都市計画物語　越澤明

関東大震災の復興事業から東京オリンピックに向けての都市改造まで、四〇年にわたる都市計画の展開と挫折をたどりつつ新たな問題を提起する。

新版大東京案内（上）　今和次郎編纂

昭和初年の東京の姿を、都市フィールドワークの先駆者が活写した名著。上巻には交通機関や官庁、デパート、盛り場、遊興、味覚などを収録。

グローバル・シティ　サスキア・サッセン　伊豫谷登士翁監訳　大井由紀／髙橋華生子訳

世界の経済活動は分散したのではない、特権的な大都市に集中したのだ。国民国家の枠組みを超えて発生する世界の新秩序と格差拡大を暴く衝撃の必読書。

東京の空間人類学　陣内秀信

東京、このふしぎな都市空間を深層から探り、明快に解読した定番本。基層の地形、江戸の記憶、近代の都市造形が、ここに甦る。図版多数。（川本三郎）

聖なる天蓋
ピーター・L・バーガー
薗田稔 訳
全ての社会は自らを究極的に審級する象徴の体系、「聖なる天蓋」をもつ。宗教について理論・歴史の両面から新たな理解をもたらした古典的名著。

人知原理論
ジョージ・バークリー
宮武昭 訳
「物質」なるものなど存在しない――。バークリーの思想的核心が、平明このうえない訳文と懇切丁寧な注釈により明らかとなる。主著、待望の新訳。

デリダ
ジェフ・コリンズ
鈴木圭介 訳
「脱構築」「差延」の概念で知られるデリダ。現代思想に偉大な軌跡を残したその思想をわかりやすくビジュアルに紹介。丁寧な年表、書誌を付す。

ベンヤミン
ケイギル／コールズ／アピニャネジ
久保哲司 訳
〈批評〉を哲学に変えた思想家ベンヤミン。親和力、多孔質、アウラ、廃墟などのテーマを通してその思想の迷宮をわかりやすく解説。詳細な年譜・文献付。

ビギナーズ 哲学
デイヴ・ロビンソン文
ジュディ・グローヴズ画
鬼澤忍 訳
初期ギリシャからポストモダンまで。社会思想や科学哲学も射程に入れ、哲学史を見通すビジュアルガイド。哲学が扱ってきた問題が浮き彫りになる！

ビギナーズ 倫理学
デイヴ・ロビンソン文
クリス・ギャラット画
鬼澤忍 訳
正義とは何か？ なぜ善良な人間であるべきか？ 倫理学の重要論点を見事に整理した、道徳的カオスの中を生き抜くためのビジュアル・ブック。

ビギナーズ『資本論』
マイケル・ウェイン
チェ・スンギョン画
鈴木直監訳 長谷澪訳
『資本論』は今も新しい古典だ！ むずかしい議論や概念を、具体的な事実や例を通してわかりやすく読み解き、今読まれるべき側面を活写する。（鈴木直）

宗教の哲学
ジョン・ヒック
間瀬啓允／稲垣久和訳
古今東西の宗教の多様性と普遍性は、究極的実在に対する様々に異なるアプローチであり応答である。「宗教的多元主義」の立場から行う哲学的考察。

自我論集
ジークムント・フロイト
竹田青嗣編
中山元 訳
フロイト心理学の中心、「自我」理論の展開をたどる新編・新訳のアンソロジー。「快感原則の彼岸」「自我とエス」など八本の主要論文を収録。

マネの絵画
ミシェル・フーコー
阿部崇訳
19世紀美術史にマネがもたらした絵画表象のテクニックとモードの変革を、13枚の絵で読解。フーコーの伝説的講演録に没後のシンポジウムを併録。

間主観性の現象学　その方法
エトムント・フッサール
浜渦辰二/山口一郎監訳
主観や客観、観念論や唯物論を超えて「現象」そのものを解明したフッサール現象学の中心課題。現代哲学の大きな潮流「他者」論の成立を促す。本邦初訳。

間主観性の現象学Ⅱ　その展開
エトムント・フッサール
浜渦辰二/山口一郎監訳
フッサール現象学のメインテーマ第Ⅱ巻。自他の身体の構成から人格的生の精神共同体までを分析し、真の関係性を喪失した孤立する実存の限界を克服。

間主観性の現象学Ⅲ　その行方
エトムント・フッサール
浜渦辰二/山口一郎監訳
間主観性をめぐる方法、展開をへて、その究極の目的（行方）が、真の人間性の実現に向けた普遍的目的論として呈示される。壮大な構想の完結篇。

内的時間意識の現象学
エトムント・フッサール
谷徹訳
時間は意識のなかでどのように構成されるのか。哲学・思想・科学に大きな影響を及ぼしている名著の新訳。詳密な訳注を付し、初学者の理解を助ける。

風土の日本
オギュスタン・ベルク
篠田勝英訳
自然を神の高みに置く一方、無謀な自然破壊をする日本人の風土とは何か？　フランス日本学の第一人者による画期的な文化・自然論。　（坂部恵）

ベンヤミン・コレクション1
ヴァルター・ベンヤミン
浅井健二郎編訳
久保哲司訳
ゲーテ『親和力』論、アレゴリー論からボードレール論を経て複製芸術論まで、ベンヤミンにおける近代の意味を問い直す、新訳のアンソロジー。

ベンヤミン・コレクション2
ヴァルター・ベンヤミン
浅井健二郎編訳
三宅晶子ほか訳
中断と飛躍を恐れぬ思考のリズム、巧みに布置された理念やイメージ。手仕事的細部に感応するエッセイの思想の新編・新訳アンソロジー、第二集。

ベンヤミン・コレクション3
ヴァルター・ベンヤミン
浅井健二郎編訳
久保哲司訳
過去/現在を思いだすこと——独自の歴史意識に貫かれた《想起》実践の各篇「一方通行路」「ドイツの人びと」「ベルリンの幼年時代」などを収録。

ベンヤミン・コレクション4
ヴァルター・ベンヤミン
浅井健二郎編訳
土合文夫ほか訳
〈批評の瞬間〉における直観の内容をきわめて構成的に叙述したベンヤミンの諸論考——初期の哲学的思索から同時代批評まで——を新訳で集成。

ベンヤミン・コレクション5
ヴァルター・ベンヤミン
浅井健二郎編訳
土合文夫ほか訳
文学、絵画、宗教、映画——主著と響き合い、新たな光を投げかけるベンヤミン〈思考〉の断片を立体的に集成。新編・新訳アンソロジー、待望の第五弾。

ベンヤミン・コレクション6
ヴァルター・ベンヤミン
浅井健二郎編訳
久保哲司ほか訳
ソネット、未完の幻想小説風短編など、ベンヤミンの知られざる創作世界を収録。『パサージュ論』成立の背後を明かすメモ群が注目の待望の第六弾。

ベンヤミン・コレクション7
ヴァルター・ベンヤミン
浅井健二郎編訳
文人たちとの対話を記録した日記、若き日の履歴書、死を覚悟して友人たちに送った手紙——20世紀を代表する評論家の個人史から激動の時代精神を読む。

ドイツ悲劇の根源（上）
ヴァルター・ベンヤミン
浅井健二郎訳
〈根源〉へのまなざしが、〈ドイツ・バロック悲劇〉という天窓を通して見る、存在と歴史の〈星座〉〈状況布置〉。ベンヤミンの主著の新訳決定版。

ドイツ悲劇の根源（下）
ヴァルター・ベンヤミン
浅井健二郎訳
上巻「認識批判的序章」「バロック悲劇とギリシア悲劇」に続けて、下巻は「アレゴリーとバロック悲劇」に、関連の参考論文を付して、新編でおくる。

パリ論／ボードレール論集成
ヴァルター・ベンヤミン
浅井健二郎編訳
久保哲司／土合文夫訳
『パサージュ論』を構想する中で書きとめられた膨大な覚書を中心に、パリをめぐる考察を一冊に凝縮。ベンヤミンの思考の核を明かす貴重な論考集。

意識に直接与えられたものについての試論
アンリ・ベルクソン
合田正人／平井靖史訳
強度が孕む〈質的差異〉、自我の内なる〈多様性〉からこそ、自由な行為は発露する。後に『時間と自由』の名で知られるベルクソンの第一主著。新訳。

物質と記憶
アンリ・ベルクソン
合田正人／松本力訳
観念論と実在論の狭間でイマージュへと焦点があてられる。心脳問題への関心の中で、今日さらに重要性が高まる、フランス現象学の先駆的著書。

創造的進化
アンリ・ベルクソン
合田正人／松井久訳
生命そして宇宙は「エラン・ヴィタル」を起爆力に、自由な変形を重ねて進化してきた──。生命概念を刷新したベルクソン思想の集大成的主著。

道徳と宗教の二つの源泉
アンリ・ベルクソン
合田正人／小野浩太郎訳
閉じた道徳／開かれた道徳、静的宗教／動的宗教への洞察から、個人のエネルギーが人類全体の倫理的行為へ向かう可能性を問う。最後の哲学的主著新訳。

笑い
アンリ・ベルクソン
合田正人／平賀裕貴訳
「おかしみ」の根底には何があるのか。主要四著作に続き、多くの読者に読みつがれてきた本著作の最新訳。主要著作との関連も俯瞰した充実の解説付。

精神現象学（上）
G・W・F・ヘーゲル
熊野純彦訳
人間精神が、感覚的経験という低次の段階から「絶対知」へと至るまでの壮大な遍歴を描いた不朽の名著。平明かつ流麗な文体による決定版新訳。

精神現象学（下）
G・W・F・ヘーゲル
熊野純彦訳
人類知の全貌を綴った哲学史上の一大傑作。四つの原典との頁対応を付し、著名な格言を採録した索引を巻末に収録。従来の解釈の遥か先へ読者を導く。

象徴交換と死
J・ボードリヤール
今村仁司／塚原史訳
すべてがシミュレーションと化した高度資本主義像を鮮やかに提示し、〈死の象徴交換〉による、その内部からの〈反乱〉を説く、ポストモダンの代表作。

永遠の歴史
J・L・ボルヘス
土岐恒二訳
巨人ボルヘスの時間論を中心とした哲学的エッセイ集。宇宙を支配する円環的時間を古今の厖大な書物に分け入って論じ、その思想の根源を示す。

経済の文明史
カール・ポランニー
玉野井芳郎ほか訳
市場経済社会は人類史上極めて特殊な制度的所産である──非市場社会の考察を通じて経済人類学に大転換をもたらした古典的名著。（佐藤光）

経済と文明
カール・ポランニー
栗本慎一郎／端信行訳
文明にとって経済とは何か。18世紀西アフリカ・ダホメを舞台に、非市場社会の制度的運営とその原理を明らかにした人類学の記念碑的名著。

暗黙知の次元
マイケル・ポランニー
高橋勇夫訳
非言語的で包括的なもうひとつの知。創造的な科学活動にとって重要な〈暗黙知〉の構造を明らかにしつつ、人間と科学の本質に迫る。新訳。

現代という時代の気質
エリック・ホッファー
柄谷行人訳
群れず、熱狂に翻弄されることなく、しかし自分自身の内にこもることなしに、人々と歩み、権力と向きあっていく姿勢を、省察の人・ホッファーに学ぶ。

知恵の樹
H・マトゥラーナ／F・バレーラ
管啓次郎訳
生命を制御対象ではなく自律主体とし、自己創出を良き環と捉え直した新しい生物学。現代思想に影響を与えたオートポイエーシス理論の入門書。

社会学的想像力
C・ライト・ミルズ
伊奈正人／中村好孝訳
なぜ社会学を学ぶのか。抽象的な理論や微細な調査に明け暮れる現状を批判し、個人と社会を架橋する学という原点から問い直す重要古典、待望の新訳。

メルロ＝ポンティ・コレクション
M・メルロ＝ポンティ
中山元編訳
意識の本性を探究し、生活世界の現象学的記述を実存主義的に企てたメルロ＝ポンティ。その思想の粋を厳選して編んだ入門のためのアンソロジー。

知覚の哲学
モーリス・メルロ＝ポンティ
菅野盾樹訳
時代の動きと同時に、哲学自体も大きく転身した。それまでの存在論の転回を促したメルロ＝ポンティ哲学と現代哲学の核心を自ら語る。

悪魔と裏切者
山崎正一
串田孫一
ルソーとヒュームのどうしようもないケンカの記録。いったいこの人たちはなぜ……。二人の大思想家の常軌を逸した言動を読む。（重田園江）

われわれの戦争責任について
カール・ヤスパース
橋本文夫訳
時の政権に抗いながらも「侵略国の国民」となってしまった人間は、いったいにどう戦争の罪と向き合えばよいのか。戦争責任論不朽の名著。（加藤典洋）

哲学入門
バートランド・ラッセル
高村夏輝訳
誰にも疑えない確かな知識など、この世にあるのだろうか。近代哲学が問い続けてきた諸問題を、これ以上なく明確に説く哲学入門書の最高傑作。

政治思想論集
カール・シュミット
服部平治／宮本盛太郎訳

現代新たな角度で脚光をあびる政治哲学の巨人が、その思想の核を明かしたテクストを精選して収録。権力の源泉や限界といった基礎もわかる名論文集。

神秘学概論
ルドルフ・シュタイナー
高橋巖訳

宇宙論、人間論、進化の法則と意識の発達史を綴り、シュタイナー思想の根幹を展開する——四大主著の一冊、渾身の訳し下し。（笠井叡）

神智学
ルドルフ・シュタイナー
高橋巖訳

神秘主義的思考を明晰な思考に立脚した精神科学へと再編し、知性と精神性の健全な融合をめざしたシュタイナーの根本思想。四大主著の一冊。

いかにして超感覚的世界の認識を獲得するか
ルドルフ・シュタイナー
高橋巖訳

すべての人間には、特定の修行を通して高次の認識を獲得できる能力が潜在している。その顕在化のための道すじを詳述する不朽の名著。

自由の哲学
ルドルフ・シュタイナー
高橋巖訳

社会の一員である個人の究極の自由はどこに見出されるのか。思考は人間に何をもたらすのか。シュタイナー全業績の礎をなしている認識論哲学。

治療教育講義
ルドルフ・シュタイナー
高橋巖訳

障害児が開示するのは、人間の異常性ではなく霊性である。人智学の理論と実践を集大成したシュタイナー晩年の最重要講義。改訂増補決定版。

人智学・心智学・霊智学
ルドルフ・シュタイナー
高橋巖訳

身体・魂・霊に対応する三つの学が、霊視霊聴を通じた存在の成就への道を語りかける。人智学協会の創設へ向け最も注目された時期の率直な声。

ジンメル・コレクション
ゲオルク・ジンメル
北川東子編訳
鈴木直訳

都会、女性、モード、貨幣をはじめ、取っ手や橋・扉にまで哲学的思索を向けた「エッセーの思想家」の姿を一望する新編・新訳のアンソロジー。

宴のあとの経済学
E・F・シューマッハー
長洲一二監訳
伊藤拓一訳

『スモール イズ ビューティフル』のシューマッハー最後の書。地産地消を軸とする新たな経済共同体の構築を実例をあげ提言する。（中村達也）

私たちはどう生きるべきか　ピーター・シンガー　山内友三郎監訳

社会の10％の人が倫理的に生きれば、政府が行う社会変革よりもずっと大きな力となる――環境・動物保護の第一人者が、現代に生きる意味を鋭く問う。

自然権と歴史　レオ・シュトラウス　塚崎智／石崎嘉彦訳

自然権の否定こそが現代の深刻なニヒリズムをもたらした。古代ギリシアから近代に至る思想史を大胆に読み直し、自然権論の復権をはかる20世紀の名著。

生活世界の構造　アルフレッド・シュッツ／トーマス・ルックマン　那須壽監訳

「事象そのものへ」という現象学の理念を社会学研究で実践し、日常を生きる「普通の人びと」の視点から日常生活世界の「自明性」を究明した名著。

悲劇の死　ジョージ・スタイナー　喜志哲雄／蜂谷昭雄訳

現実の「悲劇」性が世界をおおい尽くしたとき、劇形式としての悲劇は死を迎えた。二〇世紀の悲惨を目のあたりにして描く、壮大な文明批評。

哲学ファンタジー　レイモンド・スマリヤン　高橋昌一郎訳

論理学の鬼才が、軽妙な語り口ながら、切れ味抜群の思考法で哲学から倫理学まで広く論じた対話篇。哲学することの魅力を堪能しつつ、思考を鍛える！

ハーバート・スペンサーコレクション　ハーバート・スペンサー　森村進編訳

自由はどこまで守られるべきか。リバタリアニズムの源流となった思想家の理論の核が凝縮された論考を精選し、平明な訳で送る。文庫オリジナル編訳。

ナショナリズムとは何か　アントニー・D・スミス　庄司信訳

ナショナリズムは創られたものか、それとも自然なものか。この矛盾に満ちた心性の正体を、世界的権威が徹底的に解説する。最良の入門書、本邦初訳。

反解釈　スーザン・ソンタグ　高橋康也他訳

《解釈》を偏重する在来の批評に対し、《形式》を感受する官能美学の必要性をとき、理性や合理主義に対する感性の復権を唱えたマニフェスト。

声と現象　ジャック・デリダ　林好雄訳

フッサール『論理学研究』の綿密な読解を通して、「脱構築」「痕跡」「差延」「代補」「エクリチュール」など、デリダ思想の中心的〝操作子〟を生み出す。

ちくま学芸文庫

〈ひと〉の現象学《げんしょうがく》

二〇二〇年一月十日　第一刷発行

著　者　鷲田清一（わしだ・きよかず）

発行者　喜入冬子
発行所　株式会社　筑摩書房
東京都台東区蔵前二―五―三　〒一一一―八七五五
電話番号　〇三―五六八七―二六〇一（代表）
装幀者　安野光雅
印刷所　凸版印刷株式会社
製本所　凸版印刷株式会社

ISBN978-4-480-09965-5 C0110